ッド

岩本 裕 編訳

筑摩書房

目次

ウパニシャッド

カウシータキ＝ウパニシャッド（抄）

第一章

〔一〕　ガーングヤ仙の後裔《こうえい》のチトラ王が、嘗《かつ》て祭祀を執行しようとして、アールニ仙を司祭に選んだ。アールニ仙はみずから行かないで、息子のシュヴェータ＝ケートゥに
「かの王のために祭祀を執行せよ」

と語って、息子を王の許に派遣した。彼が到着したとき、チトラ王が彼に訊ねた。

「ガウタマ仙(1)の息子よ、この世のどこかに輪廻《りんね》を避けえられる隠処があって、そこへあなたは祭祀によって、わたくしをかくまってくださるのですか。それとも、ほかに途があって、その途の通ずる世界にわたくしをかくまってくださるのですか」と。

彼は語った。

「わたくしは、そのようなことを知りません。いっそ、先生に訊ねてみます」と。

彼は父の許に還ってきて、

「王は、わたくしに、しかじかのことを訊ねられました。どのように、お答えしたらよろしいでしょうか」と。

父は答えた。

「わたしも、そのようなことを知らないのだ。ヴェーダを学んだのち、王の許で催される学匠の集りに赴き、他の人々がわれわれに与えるものを学びとろう。われわれ二人は行こうではないか」。

そこで、アールニは薪を手にして、(2)チトラ＝ガーングヤーヤニの許に赴き、かの王に
「教えていただきたい」

と言った。チトラ王が彼に
「ガウタマ仙よ、傲慢になることのなかった(3)あなたは、ブラフマンを知るに相応わしい方です。あなたにお教えしましょう」と。
〔二〕 そこで、彼（チトラ＝ガーングヤーヤニ王）は語った。
「この世界から去る者はすべて月に赴く。月はかれらの生気によって前半の半月に増大し、後半の半月の間にかれらを再び出生させる。月は実に天界の門である。彼（月）は彼に答える者を通過させ、答えない者を雨となって、この世に降らせる。こうして彼（この世に

降下した者）は、この世において、あるいは虫、あるいは蛾、あるいは魚、あるいは虎、あるいは獅子、あるいは猪、あるいは犀、あるいは人間、もしくは他の動物として、種々の場所に、各自の業《ごう》に従い、また各自の知識に従って、再生する。

彼（月）は到達した者（死者の霊魂）に

「汝は誰か」

と訊ねる。それに対し、彼に答えるべきである。

(4)歳時よ、遠く見はるかし、十五の部分より成り、
新しく生れ出た、祖霊界の主（月）より、種子は齎《もた》らされた。

われを生産者なる男子に送れ。

生産者なる男子はわれを母の中に注げ。
(5)われは十二あるいは十三の部分をもつ父より、
十二の月あるいは第十三番目の閏月として生れ、また再生した(6)。

わたしはそれを知り、それを実現しよう。

歳時よ、わたしを不死の世界に誘導せよ。

この真実により、この苦行により、わたしは歳時であり、歳時の息子である。汝は誰なのか」。

「わたしは汝である」

と答えて、月は天界への門を通過させる。

〔三〕 彼（死者）はこの神道と名づけられる道を通り、まずアグニ（火神）の世界に到る。ついで、ヴァーユ（風神）の世界、ヴァルナ（水神）の世界、アーディトヤ（太陽）の世界、インドラの世界、プラジャー＝パティ（創造主）の世界、ブラフマンの世界に到る。実に、このブラフマンの世界には、アーラ湖があり、イェシュティハ瞬間があり、ヴィジャラー（「不老」の意）河があり、イルヤ樹があり、サーラジヤ広場があり、アパラージタ（「不落」の義）大邸宅があり、インドラとプラジャー＝パティとはその門衛である。ヴィブ（「宏壮」の義）宮殿があり、ヴィチャクシャナー（「遠くを見はるかす」の義）王座があり、アミタウジャス（「無量の光のある」の意）臥榻《がとう》があり、また愛すべきマーナシー（天女の名）とその女と瓜ふたつのチャークシュシー（天女の名）がいて、花を採って世界〔という花模様〕を織っている。また天女アンバーたちとアムバーヤヴィーたちがおり、アムバヤー舞姫[7]たちもいる。

このように知る者はこの世界に赴く。ブラフマンは彼を〔迎えるために〕言う。

「汝らはわが栄誉をもって馳せ迎えよ。彼はヴィジャラー河に到達した。彼はもはや老いることはない」と。

〔四〕五百人のアプサラスたちが彼を迎えにゆく。百人は香油膏を手にし、百人は白粉《おしろい》を手にし、百人は衣裳を携え、百人は果物を手にし、百人は華鬘《けまん》を手にし、ブラフマン（男性神）の装飾品で彼を飾る。ブラフマンの装飾品で飾られた彼は、ブラフマン（宇宙の最高原理）を知る者となり、彼はブラフマンに向って進む。彼はアーラ湖に達し、それを意（思考力）によって越える。そこに到達しても、確信のない者は湖中に沈む。彼はイェシュティハ瞬時に至る。それは彼から走り逃げる。(8) 彼はヴィジャラー河に至る。彼はただ意によってそれを越える。その時、彼は善悪二つの業を振い落す。彼の愛する親族がその善業を享け、彼の愛しない親族がその悪業を享ける。あたかも車に乗って走らせる者が車の両輪を眼下に見るように、彼はそのように昼夜を眼下に見、そのように善悪二つの業と一切の相対を見下ろす。彼は善業を離れ、悪業を離れ、ブラフマンを知る者となり、ブラフマンに向って進む。

〔五〕彼はイルヤ樹に至る。ブラフマンの芳香が彼に入る。彼はサーラジヤ広場に至る。ブラフマンの滋味が彼に入る。彼はアパラージタ大邸宅に至る。彼にブラフマンの光明が入る。彼は門衛のインドラとプラジャー＝パティのところに至ると、両者は彼から逃げ去る。彼はヴィブ宮殿に至る。ブラフマンの栄誉が彼に入る。彼はヴィチャクシャナー王座に至る。ブリハットとラタンタラの両サーマン（旋律）がその前脚であり、シャイタとナウダサの両サーマンがその後脚である。ヴァイルーパとヴァイラージャの両サーマンが縦の枠木であり、シャークヴァラとライヴァタの両サーマンが横の枠木である。この王座は理知であり、人は理知によってそれを識別するからである。

彼はアミタウジャス臥榻に至る。それは生気である。過去と未来とがその前脚であり、吉祥と栄養とがその後脚である。ブリハットとラタンタラの両サーマンが肘のあたる部分であり、バドラとヤジュニャーヤジュニーヤの両サーマンが寝椅子の頭の部分である。歌詞と旋律とが前に突き出た部分であり、祭詞は横に突き出た部分である。ソーマ草の茎がその褥《しとね》である。ウドギータ（『サーマ＝ヴェーダ』の吟唱）が掛蒲団である。吉祥がその枕である。それにブラフマン（男性神）は坐っている。

このように知る者はまず寝椅子の脚を伝うてその上に登る。ブラフマンが彼に「汝は誰か」と言う。彼は〔次のように〕答えるべきである。

〔六〕『わたしは歳時であり、歳時の子である。母胎である虚空《こくう》より、わたしは生れた。光明の〔中に生じた〕精液であり、歳月の活力であり、それぞれの存在のアートマンである。汝も存在のアートマンである。〔従って〕汝である者、すなわちわたしはそれである』と。

ブラフマンが彼に
「余は一体何者か」

と言う。

「サトヤム（真実）である」

と、彼は言うべきである。ブラフマンは言う、

「諸々の神々とも諸々の生活機能とも異なるもの、それがサット（実在）である。そして、諸々の神と諸々の生活機能とは、トヤム（超実在）である。[9]従って、この語によって、サトヤムと言い現わされる。この一切は以上のようであって、汝はこの一切である」

と、彼（ブラフマン）に言う。

このことは次の詩頌によっても述べられている。
〔七〕　祭詞を腹とし、旋律を頭とし、
歌詞を体駆として不滅なもの、
彼はブラフマンであると知るべきである。
ブラフマンを本質とする偉大な聖仙である、と。
ブラフマンは言う。

「何によって汝は男性的名称を得るのか」と。
「気息（prāṇa は男性名詞）によって」
と、答えるべきである。
ブ「何によって女性的名称を」と。
「語（vāc は女性名詞）によって」と。
ブ「何によって中性的名称を」と。
「意（manas は中性名詞）によって」と。
ブ「何によって香りを」と。
「鼻によって」
と、答えるべきである。
ブ「何によって形を」と。
「眼によって」と。
ブ「何によって声を」と。
「耳によって」と。
ブ「何によって食物の味を」と。
「舌によって」と。

ブ「何によって行為を」と。
「両手によって」と。
ブ「何によって苦と楽とを」と。
「身体によって」と。
ブ「何によって歓喜・愛欲・生殖を」と。
「性器によって」と。
ブ「何によって歩行を」と。
「両足によって」と。
ブ「何によって思慮・認識・欲求を」と。
「理知によって」

と、答えるべきである。ブラフマンは彼に言う、
「わが世界はすなわち汝の世界である」と。

ブラフマンにおける勝利、ブラフマンにおける成功、このように知る者はその勝利を贏《かち》えて、その成功を享受する。

（第二章以下）省略

チャーンドーグヤ＝ウパニシャッド（全）

第一章

第一節

〔一〕『オーム』という音をウドギータ（『サーマ＝ヴェーダ』の吟誦）と崇むべきである。ウドガートリ（『サーマ＝ヴェーダ』を吟誦する祭官）はまず初めに『オーム』と吟誦する。この神聖な音について解説をしよう。

〔二〕大地はこれらのこの世に存在するものの精髄である。水は大地の精髄である。草木は水の精髄である。人間は草木の精髄である。言語は人間の精髄である。讃歌《リチ》は言語の精髄である。旋律《サーマン》は讃歌の精髄である。吟誦《ウドギータ》は旋律の精髄である。

〔三〕このように、吟誦は精髄の中で最勝の精髄、最高で最良のもの、第八の精髄である。

〔四〕では、讃歌とは如何《いか》なるものか、何であるのか。旋律とは如何なるものか、何であるのか。吟誦とは如何なることか、何なのか。このような思索がなされねばならぬ。
〔五〕讃歌はまさに言語である。旋律は生気である。吟誦は『オーム』という音である。従って、まこと、言語と生気、讃歌と旋律とは、それぞれに一対《いっつい》をなしている。
〔六〕従って、この一対は『オーム』というこの音の中で造り出される。事実この二組の一対が合体するとき、それらは互に欲望を満たしあうのである。
〔七〕このことを以上のように知って、この音をウドギータと崇める者は、諸々の欲望を満足する者となる。
〔八〕この音は承諾をあらわす。何故ならば、人が何かを承諾するとき、『オーム』と言うからである。承諾とは実にかの成就にほかならない。
このことをこのように知って、この音をウドギータと崇める者は、諸々の欲望を成就させる者となる。
〔九〕この音によって、三ヴェーダ聖典〔『リグ＝ヴェーダ』と『サーマ＝ヴェーダ』と『ヤジュル＝ヴェーダ』〕はこの世に存在する。〔まずアドヴァルユ祭官〔『ヤジュル＝ヴェーダ』の祭詞をとなえる祭式の実務の担当者〕は〕『オーム』と唱える。〔次いで、ホートリ祭官〔神を勧請し『リグ＝ヴェーダ』の讃歌を唱える祭官〕は〕『オーム』と〔唱えて〕讃歌を吟唱する。〔次に、ウドガートリは〕『オーム』と〔唱えて〕吟唱する。これは、この音の偉大さと精髄であることにより、この音を讃嘆するためである。

〔一〇〕このことをこのように知る者も、知らぬ者も、この音によって祭式を執行する。しかし、知ると知らぬとでは差異がある。知って信仰を持ち秘義を覚って祭式を行なうことこそ、一層効果的である。

以上が、実に、この神聖な音についての解説である。

第二節

〔一〕プラジャー＝パティ（創造主）の両創造物である神々とアスラ（神に対立するものの総称）どもが戦ったとき、神々はウドギータを持ち出した。「それによってアスラどもを征服しよう」と〔意図したのである〕。

〔二〕そこで、かれらは鼻から出る気息をウドギータと崇めた。すると、アスラどもはそれを禍悪で害《そこの》うた。それ故に、人は芳香と悪臭の両者を息によって嗅ぐのである。気息が禍悪によって害われたからである。

〔三〕そこで、神々は言語をウドギータと崇めた。すると、アスラどもはそれを禍悪で害うた。それ故に、人は真実と虚偽の両者を言語によって語るのである。言語が禍悪によって害われたからである。
〔四〕 そこで、神々は眼をウドギータと崇めた。すると、アスラどもはそれを禍悪で害うた。それ故に、人は美しいものと醜いものの両者を眼によって視るのである。眼が禍悪によって害われたからである。
〔五〕 そこで、神々は耳をウドギータと崇めた。すると、アスラどもはそれを禍悪で害うた。それ故に、人は快音と不快音の両者を耳で聞くのである。耳が禍悪によって害われたからである。
〔六〕 そこで、神々は意をウドギータと崇めた。すると、アスラどもはそれを禍悪で害うた。その故に、人は思考されうることと思考されえないことを意によって思考するのである。意が禍悪によって害われたからである。
〔七〕 そこで、神々はこの口から出る生気こそウドギータと崇めた。すると、アスラどもがそれを襲うたとき、神々はかれらを飛散させた。あたかも土塊が標的の石にあたって飛散するように、そのように〔飛散させたのである〕。
〔八〕 あたかも土塊が標的の石にあたって飛散するように、このように知りながら悪事を欲する者、またそれ（口から出る生気）に敵対する者は、まさにそのように飛散するのだ。それはまさに石の標的である。

〔九〕口から出る生気によって、人は芳香も悪臭も認識することはない。彼は禍悪を撃退したからである。この生気とともに人が食べ、また飲むものによって、人は他の諸々の生気（生活機能）を促進する。これらの生気は、〔人が死ぬるときには〕「結局、彼は口を開く」と考えて、それ（口から出る生気）に気づくことなく、出てゆく。

〔一〇〕アンギラス（古代の聖仙）はそれをウドギータと崇める。それが四肢（aṅga）の精髄（rasa）であるという理由で、人々はそれこそアンギラス（Aṅġ ras）であると考える。

〔一一〕ブリハス＝パティ（「祈禱主」。神々の祭官）はそれをウドギータと崇める。ブリハティー（Bṛhatī. 韻律の一種）は声音であり、それは音声の主（pati）であるとの理由で、人々はそれこそブリハス＝パティ（Bṛhaspati）であると考える。

〔一二〕アーヤースヤ（旋律の一種）はそれをウドギータと崇める。それが口（āsya）から起こる（ayate）との理由で、人々はそれこそアーヤースヤ（Āyāsya）であると考える。

〔一三〕バカ＝ダールブヤ（聖仙の一人）はそれを発見した。彼はナイミシャ（森林地帯にある土地）の住民たちのウドガートリであった。彼はウドギータによって、かれらのために種々の欲望を達成させた。

〔一四〕このように知り、この聖音をウドギータと崇める者は、実に、ウドギータによって諸々の欲望を達成する者となる。

以上は、個体に関することである。

第三節

〔一〕 次には、神に関してである。

まさにこの灼熱するもの（太陽）をウドギータと崇めるべきである。それは天に昇りつつ、生類のために吟誦する（udgāyati）。それは天に昇りつつ、闇黒と恐怖とを撃退する。このように知る者は、実に、闇黒と恐怖の撃退者となる。

〔二〕 まさに、これ（生気）とそれ（太陽）とは同じである。これは熱いし、それも熱い。これはスヴァラ（音）といわれ、それはプラティヤースヴァラ（「照りかえす者」の義）といわれる。それ故に、人はこれとそれとをウドギータと崇めるべきである。

〔三〕 そこで、人は体気《ヴャーナ》こそウドギータと崇むべきである。吸う息がプラーナであり、吐く息がアパーナであり、そしてプラーナとアパーナの結合が体気である。体気とは言語である。その故に、人は呼吸することなく、言語を発する。

〔四〕 讃歌は言語である。その故に、人は呼吸することなく、讃歌を唱える。讃歌なるものは旋律である。その故に、人は呼吸することなく、旋律を歌う。旋律とは吟誦のことである。それ故に、人は呼吸することなく、吟誦するのである。

〔五〕 これらより以外の諸行為、祭火の点火、競走、強弓をひくこと〔など〕力のいる諸行為も、人は呼吸することなくそれらを行なう。この理由から、人は体気をウドギータと崇めるべきである。

〔六〕 次に、人はウドギータのウド・ギー・タという〔三つの〕綴《つづり》を崇めるべきである。ウト（ut）とは生気である。人は生気によって立上る（uttisthati）からである。(1) ギー（gī）とは言語である。言語はギル（「音声」の義）といわれるからである。タ（tha）とは食物である。食物にこの一切は置かれているからである。(2)

〔七〕 ウトとは天である。ギーとは天空である。タとは大地である。ウトは太陽にほかならない。ギーとは風にほかならない。タとは火にほかならない。ウトとは『サーマ＝ヴェーダ』であり、ギーとは『ヤジュル＝ヴェーダ』であり、タとは『リグ＝ヴェーダ』である。

これらのことをこのように知って、ウドギータのウド・ギー・タという〔三つの〕綴を崇める者に、言語は言語の乳である乳を搾り与える。彼は食物のゆたかな人になり、食物を享受する者となる。

〔八〕 次に、祈請の充足〔について述べられる〕。避難所として、人は〔次のものを〕尊崇すべきである。旋律を用いて讃嘆しようとしているときには、旋律に逃げこむべきである。

〔九〕 讃歌に基づいて讃嘆しようとしているときには、讃歌に逃げこむべきであり、聖仙に関することを讃嘆しようとしているときには、聖仙の許に逃げこむべきである。いずれかの神格を讃嘆しようとしているときは、その神の許に逃げこむべきである。

〔一〇〕 韻律でもって讃嘆しようとしているときは、その韻律に逃げこむべきである。讃唱を用いて讃嘆しようとしているときは、その讃唱に逃げこむべきである。

〔一一〕 いずれかの方角を讃嘆しようとしているときは、その方角に逃げこむべきである。

〔一二〕 最後にはアートマンに逃げこみ、欲望を怠ることなく熟考して、讃嘆せよ。必ずや讃嘆者が如何なる欲望を讃嘆しても、その欲望が充足されるであろう。

第四節

〔一〕 『オーム』という、この綴を尊崇せよ。『オーム』と〔唱えて、ウドガートリは旋律を〕吟誦する。その解説をしよう。

〔二〕 神々は実に死を怖れて三種の聖智（『リグ＝ヴェーダ』と『サーマ＝ヴェーダ』と『ヤジュル＝ヴェーダ』の三ヴェーダ）にはいる。それらはかれらを韻律で包む。かれらが包む（acchādayan）のに用いたもの、それが韻律（chandas）の中の韻律たる所以《ゆえん》である。

〔三〕あたかも人が水中に魚を探しまわるように、そこでは死がかれらを讃歌や旋律や祭詞の中で探しまわる。かれらはそのことを知って、讃歌・旋律・祭詞の上に出て、この声音にはいる。

〔四〕人が讃歌を唱え終わるとき、『オーム』と唱える。旋律の場合もそうであり、祭詞の場合もそうである。この綴はまさに声音であり、それは不死であり、無畏《むい》である。それに入って、神々は不死となり無畏となった。

〔五〕このように知って、この綴を唱える者は、まさにこの不死にして無畏である綴の声音に入る。神々も不死となったそれに入って、人は不死となる。

第五節

〔一〕さて、実に、ウドギータ（『サーマ＝ヴェーダ』の吟誦）はプラナヴァ（神聖な綴としてのオーム）であり、プラナヴァとはウドギータである。こうして、ウドギータは太陽であり、太陽はプラナヴァである。太陽は『オーム』と唱えつつ行くからである。

〔二〕曾《かつ》て、あるとき、カウシータキは「太陽を、わたしは讃嘆した。その故に、そなたはわたしの独り息子である。そなたは光線を太陽のかわりに讃嘆せよ。そうすれば、実にそなたは多くの息子を持つ者となろう」

と、息子に語った。
以上が、神に関することである。
〔三〕次に、個体に関することを述べよう。
口から出るこの気息を、人はウドギータとして尊崇すべきである。それは『オーム』と唱えつつ行くからである。
〔四〕嘗《かつ》て、あるとき、カウシータキは
「気息をわたしは讃嘆した。その故に、そなたはわたしの独り息子である。そなたは諸々の生気を多数の者として歌い讃えよ。そうすれば、実にそなたは多くの息子を持つ者となろう」

と、息子に語った。
〔五〕さて、実にウドギータはプラナヴァであり、プラナヴァとはウドギータである。こうして、ホートリ祭官は自分の座から誤って唱えられたウドギータを再びととのえ合わせる、再びととのえ合わせるのである。

第六節

〔一〕讃歌はこの〔大地〕である。旋律は太陽である。従って、この旋律はこの讃歌の上に置かれているのである。その故に、讃歌の上に置かれた旋律が歌われる。サー（sā）は大地であり、アマ（ama）は火である。その故に、サーマン（sāman「旋律」）といわれる。

〔二〕讃歌は空界である。旋律は風である。従って、この旋律はこの讃歌の上に置かれているのである。その故に、讃歌の上に置かれた旋律が歌われる。サーは空界であり、アマは風である。その故に、サーマンといわれる。

〔三〕讃歌は天である。旋律は太陽である。従って、この旋律はこの讃歌の上に置かれているのである。その故に、讃歌の上に置かれた旋律が歌われる。サーは天であり、アマは太陽である。その故に、サーマンといわれる。

〔四〕讃歌は諸星宿である。旋律は月である。従って、この旋律はこの讃歌の上に置かれているのである。その故に、讃歌の上に置かれた旋律が歌われる。サーは諸星宿であり、アマは月である。その故に、サーマンといわれる。

〔五〕さて、太陽の白熱する光輝こそ讃歌である。そして、旋律は青味を帯びた真黒なものである。従って、この旋律はこの讃歌の上に置かれているのである。その故に、讃歌の上に置かれた旋律が歌われる。

〔六〕さて、まこと太陽の白熱する光輝こそサーである。そして、青味を帯びた真黒なもの、それがアマである。その故に、サーマンといわれる。

さて、太陽の中に、黄金で造られ、黄金の鬚をもち、黄金の髪をもち、爪の尖端まで黄金のプルシャが見られるが、

〔七〕 彼の両眼は黄色い花粉のある白蓮さながらである。彼はウド（ud）という名である。彼は一切の禍悪から免れている（udita）。このように知る者は実に一切の禍悪から免れる。

〔八〕 讃歌と旋律とは彼の歌手である。従って、彼はウドギータである。その故に、それを歌う者がウドガートリにほかならない。彼はそれ（太陽）の向うにある諸世界と神々の欲望とを支配する。

以上が、神に関することである。

第七節

〔一〕 次に、個体に関することを述べる。

言語こそ讃歌であり、気息が旋律である。従って、この旋律はこの讃歌の上に置かれているのである。その故に、讃歌の上に置かれた旋律が歌われる。言語こそサーであり、アマとは気息である。その故に、サーマンといわれる。

〔二〕 眼こそ讃歌であり、アートマンが旋律である。従って、この旋律はこの讃歌の上に置かれているのである。その故に、讃歌の上に置かれた旋律が歌われる。眼こそサーであ

り、アマとはアートマンである。その故に、サーマンといわれる。
〔三〕耳こそ讃歌であり、意が旋律である。従って、この旋律はこの讃歌の上に置かれているのである。その故に、讃歌の上に置かれた旋律が歌われる。耳こそサーであり、アマとは意である。その故に、サーマンといわれる。
〔四〕さて、眼の白く光る光輝こそ讃歌である。そして、青味を帯びた真黒な部分が旋律である。従って、この旋律はこの讃歌の上に置かれているのである。その故に、讃歌の上に置かれた旋律が歌われる。
しかも、眼の白く光る光輝こそサーであり、青味を帯びた真黒な部分、それがアマである。その故に、サーマンといわれる。
〔五〕さて、眼の中にプルシャが見られる。彼こそ讃歌である。それは旋律であり、讃詞《ウクタ》であり、祭詞であり、祈頌《ブラフマン》である。かの太陽の中に見られるプルシャの姿が、そのままこのプルシャの姿である。かのプルシャの二人の歌手が、このプルシャの歌手である。かのプルシャの名が、このプルシャの名である。
〔六〕彼は眼よりもこちらにある諸世界と人間たちの欲望とを支配する。ヴィーナー（楽器の一種）を弾じて歌う人々は彼を讃えて歌い、それによってかれらは財宝を獲る。
〔七〕このことをこのように知って旋律《サーマン》を歌う人は、両者（太陽の中のプルシャと眼の中のプルシャ）を讃えて歌う。彼はかの太陽の中にいるプルシャによって、太陽の向うにある諸世界と神々の欲望を達成する。

〔八〕また、この眼の中にいるプルシャによって、眼よりもこちらにある諸世界と人間たちの欲望とを達成する。従って、実にこのように知るウドガートリは、〔次のように〕言うであろう。

〔九〕「汝のために、いかなる願いごとを歌いとってあげようか」と。

このことをこのように知って旋律を歌う者こそ、ある願いごとを自由に歌いとることができるからである。

第八節

〔一〕シラカ＝シャーラーヴァトヤ、チャイキターヤナ＝ダールビヤ、プラヴァーハナ＝ジャイヴァリの三人は、ウドギータに通暁していた。かれらが語った。

「われわれは実にウドギータに通暁している。どうだ、ウドギータについて語り合おうではないか」。

〔二〕「よかろう」

と、かれらの意見が一致した。そこで、プラヴァーハナ＝ジャイヴァリが語った。

「尊師がた、お二人がまず話していただきたい。お二人の婆羅門《バラモン》がお話しになる言葉を、わたくしは承りたいのです」と。

〔三〕 シラカ＝シャーラーヴァトヤがチャイキターヤナ＝ダールビヤに言った。

「さあ、君に訊ねたい」と。

チャ「訊ねられよ」

と言った。

〔四〕 **シ**「旋律の帰趨するところは何か」と。

チャ「音である」

と答えた。

シ「音の帰趨するところは何か」と。

チャ「気息である」

と答えた。

シ「気息の帰趨するところは何か」と。

チャ「食物である」

と答えた。

シ「食物の帰趨するところは何か」と。

チャ「水である」

と答えた。

〔五〕シ「水の帰趨するところは何か」と。

チャ「かの世界である」

と答えた。

シ「かの世界の帰趨するところは何か」と。

チャ「天界を越えさせてはならない。われわれは旋律を天界にとどまらせよう。旋律は天上において合唱されるべきものであるからである」

と答えた。

〔六〕シラカ＝シャーラーヴァトヤがチャイキターヤナ＝ダールビヤに語った。

シ「ダールビヤよ、君の旋律は実に拠りどころがない。もし君に「汝の頭は墜ちるであろう」と言う者があれば、君の頭は立ちどころに墜ちるかも知れないよ」と。

〔七〕ダ「いかにも。わたしは貴師からそのことを伺いたい」と。

シ「お聴きなさるがよい」と。

ダ「かの世界（天界）の帰趨するところは何ですか」と。

シ「この世界である」

と答えた。

デ「この世界の帰趨するところは何ですか」と。

シ「拠りどころである〔この〕世界を越えて行かせることはできない」と答えた。

シ「われわれは旋律を拠りどころである〔この〕世界にとどまらせよう。旋律は拠りどころにおいて合唱されるべきであるからだ」と。
〔八〕彼に、プラヴァーハナ＝ジャイヴァリが言った。
プ「シャーラーヴァトヤよ、君の旋律は実に有限である。もし君に「汝の頭は墜ちるであろう」と言う者があれば、君の頭は立ちどころに墜ちよう」と。

シャ「いかにも。わたしは貴師からそのことを伺いたい」と。

プ「お聴きなさるがよい」

と、プラヴァーハナ＝ジャイヴァリが言った。

第九節

〔一〕シャ「この世界の帰趨するところは何ですか」と。
プ「虚空である。これらすべてのこの世に存在するものは、まこと虚空から生ずる。

〔死ぬるときは〕虚空へ還って行くのである。虚空は実にそれらより勝れているからである。虚空は最高の避難所である」

と答えた。
〔二〕プ「かのウドギータは最高に勝れたものである。それは無限である。このことをこのように知って最勝のウドギータを尊崇する者は、最勝のものを贏《かち》えて、最高最勝の諸世界に到達することができる。
〔三〕アティダンヴァン＝シャウナカがこの〔ウドギータ〕をウダラシャーンディルヤに教えて、〔このように〕語った。
「誰かが汝の子孫にこのウドギータを知らせるかぎり、その人はその間はこの世界において、最も勝れた生活を送るであろう。
〔四〕さらに、あの世界においても、〔最勝の〕世界があるであろう」と。
このように知って、この〔ウドギータ〕を尊崇する者は、まことこの世において、最も勝れた生活を送ることができよう。また、あの世界においても、〔最勝の〕世界があるであろう」と。

第十節

〔一〕雹害《ひょうがい》に遭ったクル地方の、ある金持の所有地に、ウシャスティ＝チャークラーヤナが妻のアーティキーと一緒に、非常に困窮して、住んでいた。

〔二〕彼が〔あるとき〕豆を食べている金持に食物を乞うた。金持が彼に言った。「わたしの前にあるもののほかには、何もない」と。

〔三〕ウ「その中から、わたくしにください」と、彼は言った。金持はその豆を彼に与えた。

ウ「それから、食後に飲む水をいただかせてください」と。

金持「それでは、わたしは他人の飲みのこしを飲むことになろう」と、金持が言った。

〔四〕ウ「この豆も、のこりものではありませんか」と。

金持「わたしがこの豆を食べなかったならば、わたしは生き永らえることができないだろう。だが、水は飲もうと飲むまいと、わたしの勝手だ」と。

〔五〕彼は食べたのち、のこりを妻に持って帰った。しかし、彼女はそれまでに食物を乞うて十分に〔満腹〕していたので、それを受取ると、しまった。

〔六〕次の日の朝、彼は起きると、妻に言った。
ウ「食物が得られたら、お金を少し手に入れることにしよう。王が祭祀を執行しようとしている。王は他のすべての祭司たちと一緒に、わたしを祭司の一人に選んでくれよう」。
〔七〕妻が彼に言った。
妻「あなた、そら、〔昨日貰った〕豆がありますよ」と。
彼はそれを食べて、既に始っていたにもかかわらず、かの犠牲祭に出かけた。
〔八〕祭場につくと、彼は既に席に着いて讃歌を歌いだしていたウドガートリの間にわりこんだ。彼はプラストートリ（ウドガートリの助手をつとめる祭司）に言った。
〔九〕ウ「プラストートリよ、もし君がプラスターヴァ（祭式の際にプラストートリが祭式のはじめに歌う讃歌）において讃嘆されるべき神格を知らないで讃嘆すれば、君の頭は墜ちるだろうよ」と。
〔一〇〕同じことを彼はウドガートリに言った。

ウ「ウドガートリよ、もし君がウドギータにおいて讃嘆されるべき神格を知らないで讃嘆すれば、君の頭は墜ちるだろうよ」と。
〔一一〕同じことを彼はプラティハルトリ（ウドガートリの助手をつとめる祭司）にも言った。

ウ「プラティハルトリよ、もし君がプラティハーラ〔プラティハルトリが合誦に参加するサーマンの一節〕において讃嘆されるべき神格を知らないで讃嘆すれば、君の頭は墜ちるだろうよ」と。

かれらは知らぬ顔をして、黙っていた。

第十一節

〔一〕するると、彼に祭主が言った。「あなたさま〔のお名〕を伺わせてください」と。

ウ「わたしはウシャスティ＝チャークラーヤナです」と、彼は答えた。

〔二〕祭主が言った。「他の祭司の方々みんなと一緒に、あなたさまにもお願いしようと、探しまわりました。でも、あなたさまが見出せなくて、他の方々を選びました。

〔三〕どうか、あなたさまも、他の祭司の方々と御一緒に、わたしのために〔祭祀に参加してくださいませ〕」と。

ウ「よろしい。だが、讃歌を歌うことを委せてもらいたい。〔そして、〕これらの人々に贈るのと同じ額の金を、わたしにも出してもらいたい」と。

「よろしゅうございます」

と、祭主は承知した。
〔四〕するとと、プラストートリが彼の傍に近寄ってきて、
「尊師は〔嚮《さき》に〕「プラストートリよ、もし君がプラスターヴァにおいて讃嘆されるべき神格を知らないで讃嘆すれば、君の頭は墜ちるだろう」と、わたくしに言われた。その神格とは、どの神ですか」

と言った。
〔五〕ウ「気息である。この世に存在するこれら一切のものは、気息を吸いこみ、また気息を吐き出す。気息はプラスターヴァにおいて讃嘆されるべき神格である。もし君がそれを知らないで讃嘆したならば、わたしが言った通り、君の頭は〔立ちどころに〕墜ちるであろう」と。
〔六〕次に、ウドガートリが彼の傍に近寄ってきて、
「尊師は〔嚮に〕「ウドガートリよ、もし君がウドギータにおいて讃嘆されるべき神格を知らないで讃嘆すれば、君の頭は墜ちるだろう」と、わたくしに言われた。その神格とは、どの神ですか」と。

〔七〕ウ「太陽である。この世に存在するこれら一切のものは、空高く昇った太陽を讃えて歌う。太陽はウドギータにおいて讃嘆されるべき神格である。もし君がそれを知らないで讃嘆したならば、わたしが言った通り、君の頭は〔立ちどころに〕墜ちるであろう」と。

〔八〕次に、プラティハルトリが彼の側に近寄ってきて、「尊師は〔嚮に〕「プラティハルトリよ、もし君がプラティハーラにおいて讃嘆されるべき神格を知らないで讃嘆すれば、君の頭は墜ちるだろう」と、わたくしに言われた。その神格とは、どの神ですか」と。

〔九〕ウ「食物である。この世に存在するこれら一切のものは、食物を摂取す(pratiharamāṇa-)ればこそ、生きているのだ。食物はプラティハーラにおいて讃嘆されるべき神格である。もし君がそれを知らないで讃嘆したならば、わたしが言った通り、君の頭は〔立ちどころに〕墜ちるであろう」と。

第十二節

〔一〕さて、次に、犬のウドギータが〔述べられる〕。

バカ＝ダールブヤあるいはグラーヴァ＝マイトレーヤが、ヴェーダの学習のために、家を出ていった。

〔二〕　彼の前に、一疋の白犬が姿を現わした。この犬に、他の犬たちが近づいてきて、言った。

「旦那はわれわれのために〔ウドギータを〕歌って食物を手に入れてください。われわれは食物が欲しいのです」と。

〔三〕　かれらに白犬が言った。

白犬「明朝、ここに、わたしのところへ集ってきなさい」と。

バカ＝ダールブヤあるいはグラーヴァ＝マイトレーヤは〔その言葉を聞いて、そこで〕待っていた。

〔四〕　あたかも今〔祭場において〕バヒスパヴァマーナ＝ストートラ〔朝はじめてソーマを搾るときに誦する第一のウドギータ〕を行なおうとする祭司たちが、互に前にいる者の衣を持って匍匐《ほふく》するように、かれら犬どもは忍び歩んできて、うずくまったまま「ヒン」と〔いう音を〕唱えた。

〔五〕〔そして、かれらは歌った〕。

「オーム、われわれは食べたい。オーム、われわれは飲みたい。オーム、ヴァルナ神、プラジャー＝パティ〔創造主〕、サヴィトリ神は、食物をここに持参されよ。食物の主よ、ここに食物を持参されよ、持参されよ、オーム」と。

第十三節

〔一〕　ハーウの音はこの世界である。ハーイの音は風である。アタの音は月である。イハの音はアートマンである。イーの音は火である。

〔二〕　ウの音は太陽である。エーの音は招きである。アウホーイは一切の神々である。ヒンの音はプラジャー＝パティである。スヴァラ（音）は気息である。ヤー〔の音〕は食物である。ヴァーチュ（声）はヴィラージ（韻律の一種）である。

〔三〕　フムの音は、分解することのできない第十三番目のストーバ（歌詠の途中にいれる音声）で、不安定なものである。

〔四〕　種々の旋律《サーマン》に関するこの秘義をこのように知る人に、言葉が言葉に本来具わっている乳を与える。彼は食物の豊かな者となり、食物を享受する者となる。

第二章

第一節

〔一〕 実に旋律《サーマン》を全体として尊崇することは、善である。善であること、それはサーマンと呼ばれる。不善なこと、それはサーマンに非ずと〔言われる〕。

〔二〕 その故に、また、人々は

「人は彼にサーマンとともに近づいた」

と言う。それは

「人は彼に好意を持って近づいた」

ということにほかならない。

「人は彼にアサーマン（「サーマンに非ざるもの」の意）とともに近づいた」

とは

「人は彼に悪意を持って近づいた」

ということにほかならない。

〔三〕 そして、さらにまた、人々は万事が都合よく運ぶとき、

「サーマンはわれわれのものだ」

と言うが、それは

「旨く行っている」

ということにほかならない。万事が都合よく運ばないとき、

「われわれにはサーマンがない」
と言うが、それは
「旨く行かない」
ということにほかならない。
〔四〕このことをこのように知って、サーマンを善として尊崇する者は、善い環境が彼に近づき、彼はそれを獲得すると期待される。

第二節

〔一〕諸世界において、人は五部分から成る旋律を尊崇すべきである。
ヒンという音は大地である。プラスターヴァ[3]は祭火である。ウドギータ[4]は空界である。

プラティハーラ[5]は太陽である。ニダナ[6]は天である。

以上は、〔下から〕上に〔対応させる〕場合である。
〔二〕次に、逆に〔上から下に対応させる〕場合には、
ヒンという音は天である。プラスターヴァは太陽である。ウドギータは空界である。プラティハーラは祭火である。ニダナは大地である。
〔三〕このことをこのように知って、諸世界において五部分から成る旋律を尊崇する者に

は、上昇する諸世界と逆行する諸世界とが助長される。

第三節

〔一〕 雨季には、五部分から成る旋律を尊崇すべきである。ヒンという音は〔雨季に先だって吹く〕風である。プラスターヴァは雲が生ずる〔ことである〕。ウドギータは雨が降る〔ことである〕。プラティハーラは稲妻が閃《ひらめ》き雷鳴が轟《とどろ》く〔ことである〕。

〔二〕 かのニダナは雨が止む〔ことである〕。このことをこのように知って、雨季に五部分から成る旋律を尊崇する者には、降雨があり、また彼は雨を降らせる〔ことができる〕。

第四節

〔一〕 あらゆる水において、五部分から成る旋律を尊崇すべきである。ヒンという音は群がる雲である。プラスターヴァは雨が降ることである。ウドギータは東流する〔河川〕である。プラティハーラは西流する〔河川〕である。ニダナは大海である。

〔二〕このことをこのように知って、五部分から成る旋律を尊崇する者は、水死することなく、水に不自由することはない。

第五節

〔一〕諸季節に、五部分から成る旋律を尊崇すべきである。ヒンという音は春である。プラスターヴァは夏である。ウドギータは雨季である。プラティハーラは秋である。ニダナは冬である。

〔二〕このことをこのように知って、諸季節に五部分から成る旋律を尊崇する者にとって、諸季節は順調であり、彼は諸季節を娯しむ者となる。

第六節

〔一〕家畜どもの間で、五部分から成る旋律を尊崇すべきである。ヒンという音は山羊である。プラスターヴァは羊である。ウドギータは牛である。プラティハーラは馬である。ニダナは人間である。

〔二〕このことをこのように知って、家畜の間において五部分から成る旋律を尊崇する者は、家畜に恵まれ、家畜のゆたかな者となる。

第七節

〔一〕 諸機能において、五部分から成る、最も勝れた旋律を尊崇すべきである。ヒンという音は呼吸である。プラスターヴァは言語である。ウドギータは眼である。プラティハーラは耳である。ニダナは意である。これらは最も勝れたものである。

〔二〕 このことをこのように知って、諸機能において五部分から成る、最も勝れた旋律を尊崇する者は、最も勝れたものを授けられ、最も勝れた諸世界を贏《かち》える。

以上が、五部分から成る〔旋律に関することである〕。

第八節

〔一〕 次に、七部分から成る〔旋律に関することを述べる〕。

言語において、七部分から成る旋律を尊崇すべきである。ヒンという音はフムという声音のすべてである。プラスターヴァはプラという〔声音のすべて〕であり、アーディはアーという〔声音のすべて〕である。

〔二〕 ウドギータはウド、プラティハーラはプラティ、ウパドラヴァはウパ、ニダナはニという〔音声のすべて〕である。

〔三〕このことをこのように知って、言語において、七部分から成る旋律を尊崇する者には、言語に本来具わっている乳を言語が恵み与え、彼は食物が溢れ食物のゆたかな者となる。

第九節

〔一〕次に、また、七部分から成る旋律を、かの太陽として尊崇すべきである。太陽は常に同じ（sama）である。従って、それは旋律（sāman）である。〔誰も、太陽は〕自分のために〔昇った〕と思い、万人同じである。従って、それは旋律である。

〔二〕「この世に存在する万物はすべてそれ（太陽）と関係がある」と知るべきである。ヒンという音は昇る前の太陽である。その故に、家畜どもはそれと関係がある。従って、家畜どもは〔太陽の昇る前に〕嘶《いなな》くのである。かれらは旋律のヒンという音に関与しているからである。

〔三〕次に、プラスターヴァは昇りそめたときの太陽である。その故に、人間たちがそれと関係がある。従って、かれらは讃歌を歌って神を讃嘆しようとする。かれらは旋律のプラスターヴァに関与しているからである。

〔四〕次に、アーディは乳搾りのために乳牛が集められるときの太陽である。その故に、鳥どもがそれと関係がある。従って、空に止木《とまりぎ》のないかれらは悠々と飛ぶのである。かれらは旋律のアーディに関与しているからである。

〔五〕次に、ウドギータは丁度正午における太陽である。その故に、神々がそれと関係がある。従って、かれらはプラジャー＝パティの創造したものの中で最良のものである。かれらは旋律のウドギータに関与しているからである。

〔六〕次に、プラティハーラは正午より遅く午後前半における太陽である。その故に、胎児がそれと関係がある。従って、かれらは胎内にとどまって流産することはない。かれらは旋律のプラティハーラに関与しているからである。

〔七〕次に、ウパドラヴァは午後遅く日没以前における太陽である。その故に、野獣どもがそれと関係がある。従って、かれらは人間を見ると、潜伏の場所である洞穴に逃げこむのである。かれらは旋律のウパドラヴァに関与しているからである。

〔八〕次に、ニダナは日没直後における太陽である。その故に、父祖たちがそれと関係がある。従って、人はかれらを埋葬するのである。かれらは旋律のニダナに関与しているからである。

このように、七部分から成る旋律を太陽として尊崇すべきである。

第十節

〔一〕 次に、また、七部分から成る旋律を自身〔の綴の数〕で測られて死を克服するものとして尊崇すべきである。

ヒンという音（hiṅ-kā-ra）は三綴である。プラスターヴァ（pra-stā-va）は三綴である。その故に、〔両者は〕同じである。

〔二〕 アーディ（ādi）は二綴である。プラティハーラ（pra-ti-hā-ra）は四綴である。こうして、ここに一〔綴〕を〔後者から前者にうつせば〕、その〔両者は〕同じである。

〔三〕 ウドギータ（u-dgī-tha）は三綴である。ウパドラヴァ（u-pa-dra-va）は四綴である。〔前者の〕三綴は〔後者の四綴の中の〕三綴と同じである。〔後者になお〕一綴のこるが、三綴ある点は同じである。

〔四〕 ニダナ（ni-dha-na）は三綴である。それはまさに同じである。これらは実に〔加算すると〕二十二綴になる。

〔五〕 人は二十一綴でもって太陽に到達する。かの太陽はここから二十一番目である。第二十二〔綴〕(7)によって、太陽の向うにあるものを羸《かち》える。それは天であり、それは憂苦を離れている。

〔六〕このことをこのように知って、七部分から成る旋律を自身〔の綴の数〕で測られて死を克服するものとして尊崇する者は、太陽を贏えるのに成功し、太陽を贏えるよりもさらに勝れたことを贏えるに至る。

第十一節

〔一〕ヒンという音は意である。プラスターヴァは言語である。ウドギータは眼である。プラティハーラは耳である。ニダナは呼吸である。このガーヤトリー韻律の旋律は、諸機能の中に織りこまれている。

〔二〕このように、このガーヤトリー韻律の旋律が諸機能に織りこまれていることを知る者は、生気ある者となり、天寿を全うし、長生きをし、子孫と家畜に富む者となり、名声高い者となる。人は大志を持つべきである。これが掟である。

第十二節

〔一〕ヒンという音は〔点火用の木材を〕摩擦する〔ことである〕。プラスターヴァは煙が生ずる〔ことである〕。ウドギータは火が燃え上る〔ことである〕。プラティハーラは炭となる〔ことである〕。ニダナとは火が消える〔ことである〕。これが祭火の中に織りこまれたラタンタラ旋律である。

〔二〕このように、このラタンタラ旋律が祭火の中に織りこまれていることを知る者は、生気ある者となり、天寿を全うし、長生きをして、子孫と家畜に富む者となり、名声高い者となる。火に向って、口を嗽《すす》いだり、唾を吐いてはならない。これが〔祭式執行の際の〕掟である。

第十三節

〔一〕ヒンという音は〔女を〕呼び誘う〔ことである〕。プラスターヴァは〔女に情事を〕持掛ける〔ことである〕。ウドギータは女と一緒に臥す〔ことである〕。プラティハーラは女の上に乗る〔ことである〕。ニダナは目的を達する〔ことである〕。これが交接に織りこまれたヴァーマデーヴヤ旋律である。

〔二〕このように、このヴァーマデーヴヤ旋律が交接に織りこまれていることを知る者は、交接〔の機会〕に恵まれた者となり、交接のたびに〔子孫が〕生れる。彼は天寿を全うし、長生きして、子孫と家畜に富む者となり、名声高い者となる。女から遠ざかってはならない。これが掟である。

第十四節

〔一〕ヒンという音は天に昇る〔太陽〕である。プラスターヴァは天に昇った〔太陽〕である。ウドギータは日中である。プラティハーラは午後である。ニダナは日没である。これが太陽に織りこまれたブリハット旋律である。

〔二〕このように、このブリハット旋律が太陽に織りこまれていることを知る者は、光輝があって食物を享受する者となり、天寿を全うし、長生きして、子孫と家畜に富む者となり、名声高い者となる。〔われわれを〕温める太陽を非難してはならぬ。これが掟である。

第十五節

〔一〕ヒンという音は霧が立ちこめる〔ことである〕。プラスターヴァは雲が生ずる〔ことである〕。ウドギータは雨が降る〔ことである〕。プラティハーラは稲妻が閃《ひらめ》き雷鳴が轟《とどろ》くことである。ニダナは雨が降り止む〔ことである〕。これが雨に織りこまれたヴァイルーパ旋律である。

〔二〕このように、このヴァイルーパ旋律が雨に織りこまれていることを知る者は、美しい姿をした種々の家畜を〔小屋に〕繋ぎ、天寿を全うし、長生きして、子孫と家畜に富む者となり、名声高い者となる。降る雨を非難してはならぬ。これが掟である。

第十六節

〔一〕ヒンという音は春である。プラスターヴァは夏である。ウドギータは雨季である。プラティハーラは秋である。ニダナは冬である。これが諸季節に織りこまれたヴァイラージャ旋律である。

〔二〕このように、このヴァイラージャ旋律が諸季節に織りこまれていることを知る者は、子孫と家畜とブラフマンの威厳によって輝き、天寿を全うし、長生きして、子孫と家畜に富む者となり、名声高い者となる。諸季節〔の不順〕を非難するな。これが掟である。

第十七節

〔一〕ヒンという音は大地である。プラスターヴァは空である。ウドギータは天である。プラティハーラは諸方角である。ニダナは大海である。これらは諸世界に織りこまれたシャクヴァリー旋律である。

〔二〕このように、このシャクヴァリー旋律が諸世界に織りこまれていることを知る者は、諸世界を贏える者となり、天寿を全うし、長生きをして、子孫と家畜に富む者となり、名声高い者となる。諸世界を非難してはならぬ。これが掟である。

第十八節

〔一〕ヒンという音は山羊である。プラスターヴァは羊である。ウドギータは牛である。プラティハーラは馬である。ニダナは人間である。これらは家畜どもに織りこまれたレーヴァティー旋律である。

〔二〕このように、これらのレーヴァティー旋律が家畜どもに織りこまれていることを知る者は、家畜を有する者となり、天寿を全うし、長生きして、子孫と家畜に富む者となり、名声高い者となる。家畜どもを非難してはならぬ。これが掟である。

第十九節

〔一〕ヒンという音は毛髪である。プラスターヴァは皮膚である。ウドギータは肉である。プラティハーラは骨である。ニダナは髄である。これが四肢に織りこまれたヤジュニャーヤジュニーヤ旋律である。

〔二〕このように、このヤジュニャーヤジュニーヤ旋律が四肢に織りこまれていることを知る者は、肢体満足の者となり、肢体に不自由なところはなく、天寿を全うし、長生きして、子孫と家畜に富む者となり、名声高い者となる。一年の間、髄を食べてはならぬ。あるいは、〔苟《いやしく》も〕髄を食べることがあってはならぬ。

第二十節

〔一〕ヒンという音はアグニ（火神）である。プラスターヴァはヴァーユ（風神）である。ウドギータは太陽である。プラティハーラは諸星宿である。ニダナは月である。これが諸神格に織りこまれたラージャナ旋律である。

〔二〕このように、このラージャナ旋律が諸神格に織りこまれていることを知る者は、これらの諸神格と共同の世界・共通の身分・親密な関係を持つに至り、天寿を全うし、子孫と家畜に富む者となり、名声高い者となる。婆羅門《バラモン》を非難してはならぬ。これが掟である。

第二十一節

〔一〕ヒンという音は三つの聖智（『リグ＝ヴェーダ』と『ヤジュル＝ヴェーダ』と『サーマ＝ヴェーダ』）である。プラスターヴァはこれら三世界（天と空と大地）である。ウドギータはアグニ、ヴァーユ、アーディトヤ（太陽）〔の三神〕である。プラティハーラは諸星宿、鳥ども、光線〔の三者〕である。ニダナは蛇類、ガンダルヴァ群、父祖たち〔の三者〕である。これが一切のものに織りこまれた旋律である。

〔二〕このように、この旋律が一切のものに織りこまれていることを知る者は、一切を〔贏える者と〕なる。

〔三〕この点に関し、詩頌がある。

三つずつの五倍あるもの、

それらより高く勝れたものは他になし、と。

〔四〕それを知る者は一切を知る。一切の方角は彼に貢物を齎《もたら》す。「余は一切である」という〔自覚〕を尊崇すべきである。これが掟である。

第二十二節

〔一〕「旋律を家畜の咆え声〔のように唱えること〕を、わたしはえらぶ」とは、アグニ神のウドギータ〔の場合のこと〕である。プラジャー＝パティの〔ウドギータの場合は〕音節の発音を不明瞭にし、ソーマの〔場合は〕明瞭に発音する。ヴァーユ神のは柔かく穏かにし、インドラ神のは穏かではあるが力強く〔唱える〕。ブリハス＝パティのは鳴《しぎ》の鳴声に似せ、ヴァルナ神のは調子はずれな〔声で唱える〕。これらすべての〔唱え方〕を練習せよ。しかし、ヴァルナ神のは避けるべきである。

〔二〕「讃歌を唄うて神々のために不死を贏えよう」と〔意図して〕、讃歌を唄うべきである。「父祖たちのために清涼飲料を、人間たちのためにかれらの欲するものを、家畜どものために草と水を、祭主のために天楽の世界を、自身のために食物を、讃歌を唄うて贏えよう」

と、これらのこと〔次項に述べられること〕を思慮しつつ、怠ることなく讃嘆せよ。

〔三〕すべての母音はインドラ神の化身である。すべてのウーシュマン音(8)はプラジャー＝パティの化身である。すべての閉塞音は死の化身である。もし人が母音〔の発音〕に関して非難することがあるならば、

「わたしはインドラ神の庇護を授けられている。かの神が君に答えるであろう」

と、その人に言うべきである。

〔四〕次に、もし人がウーシュマン音〔の発音〕に関して非難することがあるならば、

「わたしはプラジャー＝パティの庇護を授けられている。〔そのようなことを言えば、〕かの神が君を粉砕するであろう」

と、その人に言うべきである。

また、もし閉塞音〔の発音〕に関して非難することがあるならば、

「わたしは死の神の庇護を授けられている。〔そのようなことを言えば、〕かの神が君を焼

きつくすであろう」

と、その人に言うべきである。
〔五〕「インドラ神に力を贈ろう」
と〔考えて〕、すべての母音は声帯を震わせて力強く発音されねばならぬ。

「プラジャー＝パティに一身を委ねよう」

と〔考えて〕、すべてのウーシュマン音は音を濁したり省略したりすることなく明瞭に発音されねばならぬ。

「死の神を避けよう」

と〔考えて〕、すべての閉塞音は〔空気を声帯に〕僅かに接触させて発音されねばならぬ。

第二十三節

〔一〕義務に三部門がある。供犠とヴェーダの学習と喜捨とは第一である。
〔二〕苦行こそ第二である。修業と師匠の家に居住することが第三である。これらすべて〔を履行するとき〕は、福徳ある世界が生ずる。ブラフマンに専心するとき、不死に到達する。
〔三〕プラジャー＝パティは諸世界を抱きあたためた。抱きあたためられた諸世界から、三種の聖智が流れでた。彼はそれを抱きあたためた。それが抱きあたためられたとき、ブーフ・ブヴァハ・スヴァハの〔三種の〕音綴が流れでた。

〔四〕彼はそれらを抱きあたためた。それらが抱きあたためられたとき、『オーム』音が流れでた。あたかもすべての葉に葉脈が行きわたっているように、一切の言語は『オーム』音によって浸透されている。『オーム』音こそこの一切であり、この一切は『オーム』音にほかならない。

第二十四節

〔一〕ブラフマンの学匠たちは言う。

「朝の灌奠式《サヴァナ》はヴァス群神のために、昼の灌奠式はルドラ群神のために、第三の灌奠式はアーディトヤ群神と一切諸神のために〔行われると〕すれば、

〔二〕一体、祭主の世界は何処にあるのか」と。それを知らない者は、どのように〔祭式を〕執行するのか。そして、〔それをよく〕知って、〔祭式を〕執行すべきである。

〔三〕朝の吟誦[9]が始まる前に、〔祭主は〕ガールハスパトヤ祭火の後側に、北面して坐り、ヴァス群神を讃嘆する旋律を唄う。

〔四〕「世界の門扉を開きたまえ。

われら、汝を仰ぎ見て、
支配を贏えん」と。
〔五〕次に、彼は〔次のように唱えつつ〕供物を祭火に投入する。「アグニ神、大地の所有者、世界の所有者に、帰命《きみよう》し奉る。祭主のわれに、世界を見出だし給え。それこそ、祭主の世界である。
〔六〕祭主のわれは、寿命を終えたのちに、そこに行くであろう。スヴァーハー。門《かんぬき》をはずし給え」
と唱えて、立上る。ヴァス群神は彼に朝の灌奠式のソーマを授ける。(10)
〔七〕昼の灌奠式の始まる前に、〔祭主は〕アグニードリーヤ祭火の後側に、北面して坐り、ルドラ群神を讃嘆する旋律を唄う。
〔八〕「世界の門扉を開きたまえ。
われら、汝を仰ぎ見て、
さらに大なる支配を贏えん」と。
〔九〕次に、彼は〔次のように唱えつつ〕供物を祭火に投入する。「空界の所有者・世界の所有者なるヴァーユ神に帰命し奉る。祭主のわれに、世界を見出だし給え。それこそ、祭主の世界である。

〔一〇〕 祭主のわれは、寿命を終えたのちに、そこに行くであろう。スヴァーハー。門をはずし給え」

と唱えて、立上る。ルドラ群神は彼に昼の灌奠式のソーマを授ける。

〔一一〕 第三の灌奠式の始まる前に、〔祭主は〕アーハヴァニーヤ祭火の後側に、北面して坐り、アーディトヤ群神と一切諸神を讃嘆する旋律を唄う。

〔一二〕 「世界の門扉を開きたまえ。

われら、汝を仰ぎ見て、

自主独立の支配を贏えん」

と、アーディトヤ群神を〔讃嘆する〕。

〔一三〕 次に、一切諸神を〔讃嘆する〕。

「世界の門扉を開きたまえ。

われら、汝を仰ぎ見て、

覇王の支配を贏えん」と。

〔一四〕 次に、彼は〔次のように唱えつつ〕供物を祭火に投入する。「天界の所有者・世界の所有者なるアーディトヤ群神と一切諸神とに帰命し奉る。祭主のわれに、世界を見出し給え。

〔一五〕それこそ、祭主の世界である。祭主のわれは、寿命を終えたのちに、そこに行くであろう。スヴァーハー。閂をはずしたまえ」と唱えて、立上る。

〔一六〕アーディトヤ群神と一切諸神とは彼に第三の灌奠式のソーマを授ける。このように知る者は、実に祭祀の神髄を知る者である。

第三章

第一節

〔一〕かの太陽は神の蜜である。天は〔蜂巣が懸けられる〕その横木である。空界はその蜂巣であり、光線は蜂の子である。

〔二〕太陽の東方の光は、まさにその前側にある蜜房である。諸々の讃歌こそ蜜蜂であり、『リグ゠ヴェーダ』こそ花である。その水は甘露である。これら諸々の讃歌が

〔三〕この『リグ゠ヴェーダ』を抱きあたためた。それが抱きあたためられると、名声・栄光・体力・勇気・栄養物がその液汁として生じた。

〔四〕それは四方に流れて、太陽の周囲に溜った。それが実に太陽の赤い姿である。

第二節

〔一〕次に、太陽の南方の光は、まさにその右側にある蜜房である。諸々の祭詞こそ蜜蜂であり、『ヤジュル゠ヴェーダ』こそ花である。その水は甘露である。

〔二〕これら諸々の祭詞がこの『ヤジュル゠ヴェーダ』を抱きあたためた。それが抱きあたためられると、名声・栄光・体力・勇気・栄養物がその液汁として生じた。

〔三〕それは四方に流れて、太陽の周囲に溜った。それが実に太陽の白熱する姿である。

第三節

〔一〕次に、太陽の西方の光は、まさにその後側にある蜜房である。諸々の旋律こそ蜜蜂であり、『サーマ゠ヴェーダ』こそ花である。その水は甘露である。

〔二〕これら諸々の旋律がこの『サーマ゠ヴェーダ』を抱きあたためた。それが抱きあためられると、名声・栄光・体力・勇気・栄養物がその液汁として生じた。

〔三〕それは四方に流れて、太陽の周囲に溜った。それが実に太陽の黒い姿である。

第四節

〔一〕　次に、太陽の北方の光は、まさにその左側にある蜜房である。諸々の『アタルヴァ＝アンギラス』（『アタルヴァ＝ヴェーダ』の呪頌）こそ蜜蜂であり、『イティハーサ＝プラーナ』（『マハーバーラタ』の別名）こそ花である。その水は甘露である。

〔二〕　これら諸々の『アタルヴァ＝アンギラス』がこの『イティハーサ＝プラーナ』を抱きあたためた。それが抱きあたためられると、名声・栄光・体力・勇気・栄養物がその液汁として生じた。

〔三〕　それは四方に流れて、太陽の周囲に溜った。それが実に太陽の真黒な姿である。

第五節

〔一〕　次に、太陽の上方の光は、まさにその上方にある蜜房である。種々の秘密の教示こそ蜜蜂であり、ブラフマンこそ花である。その水は甘露である。

〔二〕　これら種々の秘密の教示がこのブラフマンを抱きあたためた。それが抱きあたためられると、名声・栄光・体力・勇気・栄養物がその液汁として生じた。

〔三〕　それは四方に流れて、太陽の周囲に溜った。それが実に太陽の真中で震えているかのように見えるものである。

〔四〕それらは液汁の中の液汁である。ヴェーダ聖典は液汁であるからである。それらはこれらヴェーダ聖典の液汁である。それらのものは甘露の中の甘露である。ヴェーダ聖典は甘露であるからである。それらはヴェーダ聖典の甘露である。

第六節

〔一〕アグニ神を頭領《かしら》とするヴァス群神は、かの最初の甘露によって生命を保つ。しかし、実に神々は飲食はしない。かの甘露を見るだけで、かれらは満腹する。

〔二〕かれらは〔太陽の〕かの〔赤い〕姿に入り、その姿から抜け出る。

〔三〕この甘露をこのように知る者は、ヴァス群神の一となり、頭領のアグニ神とともに、かの甘露を見るだけで満腹する。彼はかの姿に入り、その姿から抜け出る。

〔四〕太陽が東方に昇り、西方に沈むかぎり、彼はヴァス群神の帝王となり、かれらの絶対的な支配者となる。

第七節

〔一〕次に、インドラ神を頭領とするルドラ群神は、かの第二の甘露によって生命を保つ。

しかし、実に神々は飲食しない。かの甘露を見るだけで、かれらは満腹する。

〔二〕かれらは〔太陽の〕かの〔白熱する〕姿に入り、その姿から抜け出る。

〔三〕この甘露をそのように知る者は、ルドラ群神の一となり、頭領のインドラ神とともに、かの甘露を見るだけで満腹する。彼はかの姿に入り、その姿から抜け出る。

〔四〕太陽が東方から昇り、西方に沈む期間の二倍の間、彼は南方から昇り、北方に沈み、その間ルドラ群神の帝王となり、かれらの絶対的な支配者となる。

第八節

〔一〕次に、ヴァルナ神を頭領とするアーディトヤ群神は、かの第三の甘露によって生命を保つ。しかし、実に神々は飲食しない。かの甘露を見ただけで、かれらは満腹する。

〔二〕かれらは〔太陽の〕かの〔黒い〕姿に入り、その姿から抜け出る。

〔三〕この甘露をそのように知る者は、アーディトヤ群神の一となり、頭領のヴァルナ神とともに、かの甘露を見るだけで満腹する。彼はかの姿に入り、その姿から抜け出る。

〔四〕太陽が南方から昇り、北方に沈む期間の二倍の間、彼は西方に昇り、東方に沈み、その間アーディトヤ群神の帝王となり、かれらの絶対的君主となる。

第九節

〔一〕 次に、ソーマ神を頭領とするマルト群神は、かの第四の甘露によって生命を保つ。しかし、実に神々は飲食しない。かの甘露を見ただけで、かれらは満腹する。

〔二〕 かれらは〔太陽の〕かの〔真黒な〕姿に入り、その姿から抜け出る。

〔三〕 この甘露をこのように知る者は、マルト群神の一となり、頭領のソーマ神とともに、かの甘露を見るだけで満腹する。彼はかの姿に入り、その姿から抜け出る。

〔四〕 太陽が西から昇り、東方に沈む期間の二倍の間、彼は北方から昇り、南方に沈み、その間マルト群神の帝王となり、かれらの絶対的君主となる。

第十節

〔一〕 次に、ブラフマンを頭領とするサードヤ群神は、かの第五の甘露によって生命を保つ。しかし、実に神々は飲食しない。かの甘露を見ただけで、かれらは満腹する。

〔二〕 かれらは〔太陽の真中で震えているかのような〕かの姿に入り、その姿から抜け出る。

〔三〕 この甘露をこのように知る者は、サードヤ群神の一となり、頭領のブラフマンとともに、かの甘露を見るだけで満腹する。彼はかの姿に入り、その姿から抜け出る。
〔四〕太陽が北から昇り、南方に沈む期間の二倍の間、彼は上方に昇り、下方に沈み、その間サードヤ群神の帝王となり、かれらの絶対的君主となる。

第十一節

〔一〕さて、さらに、彼は上方に昇ると、もはや昇ったり沈んだりしない。彼はただ独りで中央にとどまる。このことに関して、〔次の〕詩頌がある。
〔二〕そこにて、彼はまこと沈むことなく、
また、決して昇ることもない。
神々よ、余はこの真実によりて、
ブラフマンを失うことなかれ、と。
〔三〕このブラフマンに関する秘義をこのように知る者にとって、実に太陽は昇ることなく、沈むことはない。彼にとって、永遠に昼のみがある。
〔四〕このことを実にブラフマン神がプラジャー＝パティに語り、プラジャー＝パティがマヌ（人間の始祖）に、マヌが生類に語った。また、このブラフマン（宇宙の根本原理）を父が長子のウッダーラカ＝アールニ[11]に伝えた。

〔五〕このブラフマンを実に父はその長子あるいは〔それを教えられるに〕ふさわしい弟子に語るべきである。

〔六〕他のいかなる人にも語るべきではない。たとい水で囲まれ財宝の満ち溢れた大地が贈られても、〔語ってはならぬ〕。それ（ブラフマンに関する教え）は、まこと、これ（大地）にまさる。それは、まこと、これにまさる。

第十二節

〔一〕ガーヤトリー（韻律の一種）は、ここに存在する一切の存在である。ガーヤトリー（Gāyatrī）とは実に声である。声は実にこの一切の存在を歌い（gāyati）、また救う（trāyate）。

〔二〕この大地も実にガーヤトリーである。何故ならば、このすべての存在はそれを拠りどころとし、それから抜け出ることはないからである。

〔三〕この大地はまた人間における肉身である。何故ならば、これらの諸生気はそれを拠りどころとし、それから抜け出ることはないからである。

〔四〕この人間における肉体は実にこの人間における心臓である。何故ならば、これらの諸生気はそれを拠りどころとし、それから抜け出ることはないからである。

〔五〕このガーヤトリーは四足で六部分から成る。それについて、『リグ＝ヴェーダ』の讃歌に〔次のように〕述べられている。[12][13][14]

〔六〕その偉大さはこのようであり、

プルシャはそれよりさらに大である。

一切の存在はその足であり、

天上における不死はその三つの足である、と。[15]

〔七〕このブラフマンといわれるものは、実に人間の外にある虚空である。実に人間の外にある虚空こそ、

〔八〕人間の内部にある、この虚空である。実に人間の内部にある虚空こそ、

〔九〕心臓の内部にある、この虚空である。それは充満しているものであり、不変のものである。

このように知る者は、満ち足りて変ることのない幸福を得る。

第十三節

〔一〕かの心臓には、神の出口が五つある。

その東の出口とは、吸気《プラーナ》であり、眼であり、太陽である。それを人は灼熱する光・栄養

物として尊崇せよ。このように知る者は、光輝あり食物ゆたかな者となる。

〔二〕 次に、その南の出口とは、体気《ヴャーナ》であり、耳であり、月である。それを人は栄光・名誉として尊崇せよ。このように知る者は、栄光あり名誉ある者となる。

〔三〕 次に、その西の出口とは、呼気《アパーナ》であり、言語であり、火である。それを人はブラフマンの栄光・栄養物として尊崇せよ。このように知る者は、ブラフマンの栄光を帯び食物ゆたかな者となる。

〔四〕 次に、その北の出口とは、腹気《サマーナ》であり、意であり、雨である。それを人は名声と光彩として尊崇せよ。このように知る者は、名声があり華やかな者となる。

〔五〕 次に、その上の出口とは、上気《ウダーナ》であり、風であり、虚空である。それを人は体力・勢力として尊崇せよ。このように知る者は、体力があり勢力のある者となる。

〔六〕 ブラフマンのこれら五人の従者は天国の門番である。このようにブラフマンのこれら五人の従者が天国の門番であると知る人があれば、その家には勇士が生れる。このようにブラフマンのこれら五人の従者が天国の門番であると知る人は、〔死後に〕天国に到達する。

〔七〕 さて、天の向うのかなたで、すべてのものの肩で、あらゆるものの肩で、最高の天上界において輝くもの、それは実にこの人間の中にある火である。それが見られるのは、

〔八〕この肉身に触ったとき、温かさを感じる場合である。それが聴きとれるのは、耳を塞いだとき、唸《うな》るように、響くように、また燃え上る火の音のように聞こえる場合である。見られたものとして、また聴きとられたものとして、それを尊崇せよ。このように知る者は、このように知る者は〔人から〕注視され、〔人は彼の言葉を〕よく聴くようになる。

第十四節

〔一〕「ブラフマンは実にこの一切（宇宙を意味する）である。心の平静に達した者は、それをジャラーン（意味不明の神秘的な名称）として尊崇せよ。そして、人間は実に意向から成る。人間がこの世において如何なる意向を持ったとしても、この世を去った後も、彼は同じ意向を持つ者となる。〔従って、〕人間は意向を定めるべきである。

〔二〕意から成り、生気を肉身とし、光輝を姿にもち、真実を思惟し、虚空を本性とし、一切の行為をなし、一切の欲望をもち、一切の香を具《そな》え、一切の味をもち、この一切を包括し、沈黙して、煩わされることのないもの、

〔三〕それが心臓内にあるわがアートマンである。それは米粒よりも、あるいは麦粒よりも、あるいは芥子《けし》粒よりも、あるいは黍《きび》粒よりも、あるいは黍粒の核よりも微細である。しかし、また心臓内にあるわがアートマンは、大地よりも大であり、虚空よりも大であり、

天よりも大であり、これらの諸世界よりも大である。

〔四〕一切の行為をなし、一切の欲望をもち、一切の香を具え、一切の味をもち、この一切を包括し、沈黙して、煩わされることのないもの、それは心臓の内にあるわがアートマンである。それはブラフマンである。この世を去った後に、それに合一したいという〔意向の〕ある人は、その点について疑念はない」と、シャーンディルヤは言う。〔以上が〕シャーンディルヤ〔の教説[16]である〕。

第十五節

〔一〕虚空を腹とする箱は、
大地を土台として、壊れることなし。
諸方角はその四隅、
天はその上部にある出口、
この箱は財宝ゆたかに、
その中に、この一切は貯えらる。

〔二〕その東方は「匙」という名であり、南方は「克服するもの」という名、西方は「女王」という名、北方は「裕福なる女」という名である。これら四方の愛児が風である。このように、この風が諸方角の愛児であると知る者は、愛児のために泣くことはない。このように、この風が諸方角の愛児であると知るわたしが、愛児のために泣くことのないように。

〔三〕 壊れることのない箱に、わたしははいる、これこれ〔の愛児〕と一緒に。
生気に、わたしははいる、これこれと一緒に。
ブーフに、わたしははいる、これこれと一緒に。
ブヴァハに、わたしははいる、これこれと一緒に。
スヴァハに、わたしははいる、これこれと一緒に。

〔四〕 「生気に、わたしははいる」と、わたしが言ったとき、この生気とはここに存在するこの一切の存在である。そして、まさにそれに、わたしははいったのである。

〔五〕 また、「ブーフに、わたしははいる」と、わたしが言ったとき、わたしは大地にはいる、中空にはいる、天にはいるということを、まさにわたしは言ったのである。

〔六〕 また、「ブヴァハに、わたしははいる」と、わたしの言ったとき、わたしは火にははいる、わたしは風にははいる、わたしは太陽にははいるということを、まさにわたしは言ったのである。

〔七〕 また、「スヴァハに、わたしははいる」と、わたしの言ったとき、わたしは『リグ＝ヴェーダ』にはいる、わたしは『ヤジュル＝ヴェーダ』にはいる、わたしは『サーマ＝ヴェーダ』にはいるということを、まさにわたしは言ったのである。まさにそのことを、わたしは言ったのである。

第十六節

〔一〕実に祭式は人間である。人間の〔はじめの〕二十四年が、その朝の灌奠式《サヴァナ》である(17)。ガーヤトリーは二十四綴である。〔従って〕朝の灌奠式はガーヤトリー韻律の讃歌である。その故に、ヴァス群神はこの儀式に関与する。ヴァス（Vasu）群神は実に諸生気である。かれらはこの一切を住まわせる（vāsayati）からである。

〔二〕この年齢の間に、もし或る病気が彼を悩ますことがあれば、彼は「ヴァス群神よ、諸生気よ、わたしのこの朝の灌奠式を昼の灌奠式まで延ばさせ給え。祭式が中断しないように、ヴァス群神である諸生気の真中にいるわたしが、〔人生の中途で〕倒れないことを」と言うであろう。すると、彼は〔病から〕立上り、無病息災となる。

〔三〕次に、人間の〔次の〕四十四年が、その昼の灌奠式である。トリシュトゥブ〔韻律の一種〕は四十四綴である。〔従って〕昼の灌奠式はトリシュトゥブ韻律の讃歌である。

その故に、ルドラ群神はこの儀式に関与する。ルドラ（Rudra）群神は実に諸生気である。かれらはこの一切を泣かせる（rodayanti）からである。

〔四〕この年齢の間に、もし或る病気が彼を悩ますことがあれば、彼は「ルドラ群神よ、諸生気よ、わたしのこの昼の灌奠式を第三の灌奠式（夕方に行なわれる灌奠式）まで延ばさせ給え。祭式の中断しないように、ルドラ群神である諸生気の真中にいるわたしが、〔人生の中途で〕倒れないことを」と言うであろう。すると、彼は〔病から〕立上り、無病息災となる。

〔五〕次に、人間の〔次の〕四十八年が、その第三の灌奠式である。ジャガティー（韻律の一種）は四十八綴である。〔従って〕第三の灌奠式はガーヤトリー韻律の讃歌である。その故に、アーディトヤ群神はこの儀式に関与する。アーディトヤ（Āditya）群神は実に諸生気である。かれらはこの一切を携行する（ādadate）からである。

〔六〕この年齢の間に、もし或る病気が彼を悩ますことがあれば、彼は「アーディトヤ群神よ、諸生気よ、わたしのこの第三の灌奠式を全生涯〔の終り〕まで延ばさせ給え。祭式の中断しないように、アーディトヤ群神である諸生気の真中にいるわたしが、〔人生の中途で〕倒れないことを」と言うであろう。すると、彼は〔病から〕立上り、無病息災となる。

〔七〕実にこのことを知るマヒダーサ＝アイタレーヤは、次のように語った。
「わたしはこの病気で死なないのに、何故に汝はわたしをこのように悩ますのか」と。
彼は百十六年生きた。このように知る者は百十六年生き永らえる。

第十七節

〔一〕人が食べたがり、飲みたがり、満足しないこと、それがその人の清祓《ディークシャー》[18]である。
〔二〕そして、人が食べ、飲み、そして満足して、ウパサダ祭[19]を行なう。
〔三〕そして、笑い、酒盛りをし、交わりをして、ストートラ[20]を歌いシャストラ[21]を唱える。
〔四〕そして、苦行・施与・寛容・誠実、それらが彼の〔婆羅門に対する〕祭祀の謝礼である。
〔五〕従って、人々は
「彼は〔ソーマを〕搾るであろう。彼は〔ソーマ〕を搾った」

と言う。〔前者は〕彼の再生にほかならず、〔後者は〕彼の死にほかならない。すなわち、アヴァブリタ〔祭祀の終りにおいて祭司が浴して身を清め、用具を洗うこと〕とは死にほかならない。
〔六〕ゴーラ＝アーンギラサはこのことをクリシュナ＝デーヴァキープトラ[22]に告げたのち、

〔次のように〕語った。彼は欲望を持っていなかったからである。
「臨終の時に、人はこの三頌を唱えるべきである。すなわち、
汝は不滅者である。
汝は不動の者である。
汝は生気によって研ぎすまされたものである、と」。
その場合、次の『リグ＝ヴェーダ』の二詩頌がある。
〔七〕すると、古昔の精液から生じた
朝の光が天の彼方に焔をあげるのが見られる。(23)
暗黒から、最高の光を眺めつつ、
われらは、神々の中の神、
最高の光なるスーリヤ神に達せり。(24)
最高の光に〔達せり〕と。
と。

第十八節

〔一〕「意をブラフマンとして尊崇すべきである」とは、個体に関することである。〔従って、〕次には、神に関することが〔述べられねばならぬ〕。

「虚空をブラフマンとして尊崇すべきである」といえば、個体に関しても、神に関しても、両者が説かれたことになる。

〔二〕かのブラフマンは四足である。「言葉は〔その〕一足である。生気は〔その〕一足である。眼は〔その〕一足である。耳は〔その〕一足である。以上は、個体に関することである。〔従って、〕次には、神に関して〔述べられねばならぬ〕。「アグニ（火神）は〔その〕一足である。ヴァーユ（風神）は〔その〕一足である。アーディトヤ（太陽神）は〔その〕一足である。諸方角は〔その〕一足である」といえば、個体に関しても、神に関しても、両者が説かれたことになる。

〔三〕言葉こそブラフマンの四本の足の一つである。それは光である火によって光り輝く。このように知る者は、名声により、名誉により、ブラフマンの栄光によって、光り輝く。

〔四〕生気こそブラフマンの四本の足の一つである。それは光である風によって光り輝く。このように知る者は、名声により、名誉により、ブラフマンの栄光によって、光り輝く。

〔五〕眼こそブラフマンの四本の足の一つである。それは光である太陽によって光り輝く。このように知る者は、名声により、名誉により、ブラフマンの栄光によって、光り輝く。

〔六〕耳こそブラフマンの四本の足の一つである。それは光である諸方角によって光り輝く。このように知る者は、名声により、名誉により、ブラフマンの栄光によって、光り輝く。

第十九節

〔一〕「太陽はブラフマンである」と教示せられる。その補足的解説は〔次の通りである〕。「太初において、この無こそ存在した。それは常に存在した。それは展開した。かの卵が生じた。それは一年の間横たわっていた。その卵は〔二つに〕割れた。卵殻の一つは銀色になり、他の一つは金色になった。

〔二〕この銀色のものは大地であり、金色のものは天である。その外側の膜（外殻膜）は山であり、その内側の膜（内殻膜）は雲であり霧である。その卵管は河川である。内部にある液は大海である。

〔三〕次に生じたのが、かの太陽である。それが生ずるとき、騒々しい歓声がおこり、この世に存在する一切のものと、あらゆる欲望とが現われた。従って、太陽が登るとき、しかも登るたびごとに、騒々しい音がおこり、この世に存在する一切のものと、あらゆる欲望とが現われるのである」。

〔四〕このことをこのように知って、太陽をブラフマンとして尊崇する者は、喝采を受けて元気づけられるという期待〔を持つことができよう〕。

第四章

第一節

〔一〕　ジャーナシュルティ゠パウトラーヤナ王は、信仰心が厚く、物惜しみすることなく、貧者に多くの食物を施していた。彼は
「国内のどこででも夜が過せるように」

と、至るところに宿舎を建てさせた。
〔二〕　さて、ある夜、紅鶴の群が空を飛んでいた。そのとき、一羽の紅鶴が他の一羽にこのように語った。
「おい、おい、おまえさん(25)、おまえさん、ジャーナシュルティ゠パウトラーヤナ王の光明が真昼の光のように大空に拡がっている。だから、それに触れて、火傷しなさんなよ」と。
〔三〕　この紅鶴に他の一羽が答えた。
「なんで君は、そんなつまらぬ人のことを、勝抜きのライクヴァのように、言うのかね」

と。

「勝抜きのライクヴァという人は、一体、誰なんだ」と。

〔四〕「博奕《ばくち》の際にクリタ[26]の骰《さい》の目で勝った人に負けた人々の賭金が集ってゆくように、あの方が知っていることを知っている人のところへ、世の人々がした善行が何であれ、その功徳がすべて集るのだ。わたしが言ったのは、その方のことなんだ」と。

〔五〕この言葉をジャーナシュルティ＝パウトラーヤナ王がふと耳にした。彼は飛び起きて、侍従に言った。

王「おい、おまえは余のことを勝抜きのライクヴァのようだと言ったか」と。

侍従「一体、勝抜きのライクヴァとは誰なのですか」と。

〔六〕王「博奕の際にクリタの骰の目で勝った人に負けた人々の賭金が集ってゆくように、その男が知っていることを知っている人のところへ、世の人々がした善行が何であれ、その功徳がすべて集るのだ。余が言ったのは、その人のことなんだ」と。

〔七〕そこで、侍従は探しに行って、

「よう見つけませんでした」

と、帰ってきた。王が彼に言った。

「婆羅門を探すときに行く場処へ行って、探せ」と。

〔八〕彼は車の下で疥癬《かいせん》を掻いている人に近づいて、その人に声をかけた。

「尊い方よ、勝抜きのライクヴァ殿とは、あなたではありませぬか」と。

「いかにも拙者だ」

と答えたので、かの侍従は
「見つけました」

と、帰ってきた。

第二節

〔一〕 そこで、ジャーナシュルティ＝パウトラーヤナ王は六百頭の牛と黄金の飾りと駿馬《しゅんめ》を繋いだ車とを携えて、出発した。王がライクヴァに言葉をかけた。
〔二〕 王「ライクヴァどの、ここに六百頭の牛と黄金の飾りと駿馬を繋いだ車を持参しました。あなたが尊崇している神格を、尊い方よ、どうかわたくしに教えていただきたい」と。
〔三〕 すると、王に相手が答えた。
「馬鹿者、下衆《げす》、牛を連れて、帰れ」と。

そこで、ジャーナシュルティ＝パウトラーヤナ王は今度は千頭の牛と黄金の飾りと駿馬を繋いだ車と自分の娘をつれて、再び出発した。

〔四〕王はライクヴァに声をかけた。
王「ライクヴァどの、ここに千頭の牛と黄金の飾りと駿馬を繋いだ車と、この女と、あなたの住む村とがあります。尊き方よ、わたくしにどうか教えていただきたい」と。
〔五〕ライクヴァは女の顔を持ち上げ［て見つめ］ながら言った。
「馬鹿者め、下衆どもよ、この顔でなら、俺を喋らせることができるだろうよ」と。

王にライクヴァが教えを説いたのは、マハーヴリシャの国のライクヴァ＝パルナという処においてである。ライクヴァは王にこのように語った。

第三節

〔一〕ラ「風は実になんでもとりこむ者である。火が消えるとき、それはまさに風に入る。太陽が西に没するとき、それはまさに風に入る。月が没するとき、それはまさに風に入る。〔二〕水が乾くとき、それはまさに風に入るのだ。風こそ実にこれら一切のものをとりこむ者であるからである。
以上が、宇宙に関聯しての論議である。
〔三〕次は、個体に関聯しての論議である。
生気は実になんでもとりこむ者である。人が眠るとき、言語はまさに生気に入る。眼も生気に、耳も生気に、意も生気に入るのだ。生気こそ実にこれら一切のものをとりこむ者であるからである。

〔四〕 神々の間では風、諸機能の中では生気、この二つはなんでもとりこむ者である。

〔五〕 さて、シャウナカ＝カーペーヤとアビプラターリン＝カークシャセーニの二人が食卓についていたときに、一人の梵志（ヴェーダを学習中の若い婆羅門）が食を乞うたが、かれらはこの梵志になにも与えなかった。

〔六〕 この梵志は言った。

「四柱の威力ある神々を呑んだ唯一神、
世界の守護者である神は誰なのか。
カーペーヤよ、人間は、諸処に住む彼を、
アビターリンよ、知ることはない。
この食物を得る者に、それは与えられないのだ」と。

〔七〕 そこで、シャウナカ＝カーペーヤは彼の傍にゆき、反論した。

「神々のアートマンは生類の生みの親、
黄金の牙をもち、知性すぐれた大食者、
彼は食われることなく食物ならざるものを噉《くら》うが故に、

人は彼の崇高な偉大さを語るのだ。

このように、われわれは実に、梵志よ、これ（食物をさす）を尊崇するのだ。この男に食物を与えよ」と。
〔八〕人々は彼に食物を与えた。一方の五と別の五とを加えると十になり、それがクリタである。従って、一切の方角（四方と四維と上・下の十方）にある十の食物こそクリタである。それは食物を啖《くら》うヴィラージ（十綴から成る韻律）である。これによって、一切は見られる。このように知る者、このように知る者こそ、一切を見る者となり、食物を享ける者となるのだ」と。

第四節

〔一〕サトヤカーマ＝ジャーバーラが母のジャーバーラーに相談をした。「母上、わたくしは梵行《ぼんぎょう》(27)（師匠につきヴェーダの学習をし、童貞を保つこと）を修めたいと思います。一体、わたくしの姓は何ですか」と。
〔二〕すると、母が彼に言った。
母「坊よ、おまえの姓が何か、妾《わたし》にはそれが判らないんだよ。妾は若いとき、あちらこちらと歩きまわって下女奉公をしていて、おまえを生んだのだ。だから、おまえの姓が何か、妾にはそれが判らないのだよ。妾の名はジャーバーラーで、おまえの名はサトヤカーマ、だからおまえはサトヤカーマ＝ジャーバーラと言いなさい」と。

〔三〕　彼はハーリドゥルマタ＝ガウタマの許《もと》に赴《おもむ》いて、言った。「尊師よ、梵行を修めたいと思います。尊師のところに入門さしてください」と。

〔四〕　ガウタマが彼に言った。

ガ「小僧、おまえの姓は何だ」と。

彼は語った。

サ「ああ、わたくしの姓が何か、わたくしはそれを知りません。母に訊ねましたところ、母は「妾は若いとき、あちらこちらを歩きまわって下女奉公をしていて、おまえを生んだのだ。おまえの姓が何か、母の妾もそれを知らないのだ。妾の名はジャーバーラー、おまえの名はサトヤカーマである」と答えてくれました。ですから、わたくしはサトヤカーマ＝ジャーバーラという者であります」と。

〔五〕　ガウタマが彼に言った。

ガ「婆羅門なればこそ、そのようなことを率直に申し述べることができるのだ。小僧、薪を持ってまいれ(28)。入門させてやろう。おまえは正直さを失わなかった」と。

彼を入門させると、ガウタマは四百頭の痩せて弱そうな牛を選び出して、彼に言った。

ガ「小僧、これらの牛を追ってゆけ」と。

彼はそれらの牛を追いたてながら言った。

サ「牛が千頭になるまでは、戻ってきません」と。

彼は幾年も他処《よそ》で暮した。そして、牛が千頭になったとき、

第五節

〔一〕一頭の牝牛が彼に

「サトヤカーマよ」

と、話しかけてきた。彼は〔思わず〕

「先生」

と、返事をした。

牛「親愛なる弟子よ、われわれは千頭になった。われわれを大先生の家に連れて帰るがよい。

〔二〕そなたにブラフマンの四分の一を教えてあげよう」と。

サ「先生、どうかわたくしにお教えください」と。

牛が彼に語った。

「東の方角がブラフマンの十六分の一、西の方角がその十六分の一、南の方角がその十六分の一、北の方角がその十六分の一である。親愛なる弟子よ、実に十六分の一が四つでブラフマンの四分の一であって、「光輝あるもの」という名である。

〔三〕このように知って、十六分の一が四つから成るブラフマンの四分の一を「光輝あるもの」として尊崇する者は、この世界において光輝ある者となり、〔死後には〕光輝ある諸世界を贏《かち》えるのである。

第六節

〔一〕火がそなたに〔ブラフマンの別の〕四分の一を教えてくれよう」と。

翌朝になると、彼は牛を追いたてて出発した。夕方になったとき、そこに火を燃やし、牛をたむろさせて、火に薪をくべたのち、火の西側に東向きに坐った。

〔二〕火が彼に

火「サトヤカーマよ」

と話しかけた。彼は

サ「先生」

と、返事をした。

〔三〕火「親愛なる弟子よ、そなたにブラフマンの〔別の〕四分の一を教えてあげよう」と。

サ「先生、どうかわたくしにお教えください」と。

火が彼に語った。

「地界がブラフマンの十六分の一、空界がその十六分の一、天界がその十六分の一、大海がその十六分の一である。親愛なる弟子よ、実に十六分の一が四つでブラフマンの四分の一であって、「無際限なもの」という名である。

〔四〕このように知って、十六分の一が四つから成るブラフマンの四分の一を「無際限なもの」として尊崇する者は、この世界において無際限な者となり、〔死後には〕無際限な諸世界を贏えるのである。

第七節

〔一〕紅鶴がそなたに〔ブラフマンのさらに別の〕四分の一を教えてくれよう」と。

翌朝になると、彼は牛を追いたてて出発した。夕方になったとき、そこに火を燃やし、牛をたむろさせて、火に薪をくべたのち、火の西側に東向きに坐った。

〔二〕一羽の紅鶴が飛んできて、彼に

「サトヤカーマよ」と話しかけた。彼は
サ「先生」
と、返事をした。
〔三〕紅鶴「親愛なる弟子よ、そなたに〔ブラフマンのさらに別の〕四分の一を教えてあげよう」と。
サ「先生、どうかわたくしにお教えください」と。

紅鶴が彼に語った。

「火がブラフマンの十六分の一、太陽がその十六分の一、月がその十六分の一、稲妻がその十六分の一である。親愛なる弟子よ、実に十六分の一が四つでブラフマンの四分の一であって、「光明あるもの」という名である。
〔四〕このように知って、十六分の一が四つから成るブラフマンの四分の一を「光明あるもの」として尊崇する者は、この世界において光明ある者となり、〔死後には〕光明ある諸世界を贏えるのである。

第八節

〔一〕マドグ鳥（水鳥の一種。「潜水鳥」）がそなたに〔ブラフマンの残りの〕四分の一を教えてくれよう」と。

翌朝になると、彼は牛を追いたてて出発した。夕方になったとき、そこに火を燃やし、牛をたむろさせて、火に薪をくべたのち、火の西側に東面して坐った。

〔二〕一羽のマドグ鳥が飛んできて、彼に「サトヤカーマよ」と話しかけた。彼は

サ「先生」

と、返事をした。

〔三〕**マドグ鳥**「親愛なる弟子よ、そなたに〔ブラフマンの残りの〕四分の一を教えてあげよう」と。

サ「先生、どうかわたくしにお教えください」と。

マドグ鳥が彼に語った。

「生気がブラフマンの十六分の一、眼がその十六分の一、耳がその十六分の一、意がその十六分の一である。親愛なる弟子よ、実に十六分の一が四つでブラフマンの四分の一であって、「拠りどころのあるもの」という名である。

〔四〕このように知って、十六分の一が四つからなるブラフマンの四分の一を「拠りどころのあるもの」として尊崇する者は、この世界において拠りどころのある者となり、〔死後には〕拠りどころのある諸世界を贏えるのである」。

第九節

〔一〕彼は師匠の家に着いた。師匠(ハーリドゥルマタ=ガウタマ)が彼に

「サトヤカーマよ」

と話しかけた。彼は

「先生」

と、返事をした。

〔二〕師「そなた〔の顔〕はブラフマンを知る者のように輝いている。誰がそなたに教えたのか」と。

サ「人間以外のものたちが教えてくれました。しかし、先生おひとりが、わたくしにこのように話していただきたいのです。

〔三〕「師匠から伝えられた知識が最も適切に達成される」と、先生のように偉い方々から伺っています」と。

そこで、師匠が彼に教えを説いたが、その場合師匠の教えは前述の教えとなんら変るところがなかった。

第十節

〔一〕 ウパコーサラ＝カーマラーヤナは曾てサトヤカーマ＝ジャーバーラの許に弟子入りをして暮していた。彼は十二年の間、師匠の家の祭火に奉仕した。師匠は他の弟子たちを生家に還らせたが、彼だけは還さなかった。

〔二〕 師匠の妻が夫に言った。

「この弟子は苦労して、かいがいしく祭火に奉仕しました。祭神たちがあなたより先にこの弟子に教えないように、あなたが教えてやりなさい」と。

しかし、師匠は彼になにも教えないで旅行に出てしまった。

〔三〕 彼は病気となり、そのために絶食しはじめた。彼に師匠の妻が言った。

「弟子よ、食物を摂《と》りなさい。そなたはなぜ食事をしないの」と。

彼は言った。

「人間には数多くの種々雑多な欲望があります。しかし、わたくしは現在病気に満たされています。わたくしは食べたくはありません」と。

〔四〕そこで、祭火たちが話しあった。「この弟子は苦労して、かいがいしくわれわれに奉仕してくれた。どうだ、われわれが彼に教えてやろうではないか」と。

彼に、かれらは語った。

〔五〕「生気はブラフマンである。幸福（ka）はブラフマンである。虚空（kha）はブラフマンである」と。

彼が言った。

「生気がブラフマンであることは、わたくしによく判ります。しかし、カとクハとは判りません」と。

かれらが語った。

「幸福であるもの、それが虚空である。また、虚空であるもの、それが幸福である」と。

かれらは彼に生気と虚空とを教えた。

第十一節

〔一〕次に、ガールハパトヤ祭火が彼に教えた。

「太陽の中にいるかのプルシャは、大地・火・食物・太陽として、この世に顕現する。彼は余《よ》である。彼こそ余にほかならない」と。

〔二〕「このことをこのように知って尊崇する者は、罪業を免れ、〔来世には〕諸世界を享受する者となり、〔今生においては〕天寿を全うし、長寿を保ち、子孫は絶えることはない。このことをこのように知って尊崇する者に、この世においても、あの世においても、われわれは役立つのである」。

第十二節

〔一〕次に、アンヴァーハールヤ＝パチャナ祭火が彼に教えた。「月の中にいるかのプルシャは、水・諸方角・星宿・月として、この世に顕現する。彼は余である。彼こそ余にほかならない」と。

〔二〕「このことをこのように知って尊崇する者は、罪業を免れ、〔来世には〕諸世界を享受する者となり、〔今生においては〕天寿を全うし、長寿を保ち、子孫は絶えることはない。このことをこのように知って尊崇する者に、この世においても、あの世においても、われわれは役立つのである」。

第十三節

〔一〕 次に、アーハヴァニーヤ祭火が彼に教えた。

「稲妻の中にいるプルシャは、生気・虚空・天・稲妻として、この世に顕現する。彼は余である。彼こそ余にほかならない」と。

〔二〕「このことをこのように知って尊崇する者は、罪業を免れ、〔来世には〕諸世界を享受する者となり、〔今生においては〕天寿を全うし、長寿を保ち、子孫は絶えることはない。このことをこのように知って尊崇する者に、この世においても、あの世においても、われわれは役立つのである」。

第十四節

〔一〕 かれらが言った。

「親愛なる弟子ウパコーサラよ、われわれはわれわれに共通な学識とわれわれ各自の学識とを、そなたに教えた。しかし、これ以上のことは、師匠が話すであろう」。

彼の師匠が帰ってきた。師匠が彼に

「ウパコーサラよ」

と、声をかけた。

〔二〕ウ「先生」

と、彼は返事をした。

師「親愛なる弟子よ、そなたの顔はブラフマンを知っている者のように輝いている。そなたに誰が教えたのか」と。

ウ「一体、誰がわたくしに教えてくれましょう」

と、隠そうとする様子であったが、

ウ「これらは、今はこのようでありますが、〔嚮《さき》には〕今と異なった姿でした」

と、諸祭火が教えてくれたことをほのめかした。

師「親愛なる弟子よ、一体かれらはそなたに何を語ったのか」と。

〔三〕ウ「かくかくしかじかのことです」

と、彼は明確に答えた。

師「かれらはそなたに種々の世界のことを話したのだな。しかし、余もそなたに教えてあげよう。あたかも蓮の葉に水がつかぬように、まさしくこのように知る者に悪業のつくことはないのだ」と。

ウ「先生、わたくしに教えてください」と。

師匠が彼に語った。

第十五節

〔一〕　師匠はこのように語った。
「この眼の中に見られるプルシャは、アートマンである。それは不死で、無畏《むい》である。それはブラフマンである。眼に酪油あるいは水を注ぎかけても、睫毛《まつげ》にだけかかる〔のは、眼の中にいるプルシャが眼を閉じさせるからである〕。

〔二〕　それはサンヤッド＝ヴァーマ（saṁyadvāma）と呼ばれる。一切の悦ばしいこと（vāma）がそれに集る（saṁyanti）からである。このように知る者に、一切の悦ばしいことが集るのである。

〔三〕　また、それはヴァーマ＝ニー（vāmanī）と呼ばれる。一切の悦ばしいことを連れ去る（nī）からである。このように知る者は、一切の悦ばしいことを連れ去るのである。

〔四〕　また、それはバーマ＝ニー（bhāmanī「光輝を持ち去る者」の意）と呼ばれる。一切の世界において、それは輝く（bhāti）からである。このように知る者は、一切の世界において輝くのである。

〔五〕　そして、〔このように知る者が死んだときに〕人々が彼のために葬式を行なうと行なわないとにかかわらず、彼は火葬の焰に入る。焰から昼に入り、昼から月の盈《み》ちる半月に入り、月の盈ちる半月から太陽の北上する六カ月に入り、この六カ月から歳に入り、歳から太陽に入り、太陽から月に入り、月から稲妻に入るのである。すると、祖霊のプルシャが、

〔六〕彼をブラフマンの許に行かせる。これが神の道であり、ブラフマンの道である。この道を通って行く者は人間界の混乱の中に還ることはない。二度と還ることはないのだ」

と。

第十六節

〔一〕この供犠祭は実に清めるものである。それはこの一切のものを清める。この一切のものを清めるが故に、それはまさに供犠祭である。意と食物とは、その轍《わだち》である。

〔二〕この二者の一つをブラフマン祭官（祭祀の総指揮者）は意によってととのえるのであり、ホートリ祭官・アドヴァルユ祭官・ウドガートリ祭官は声でもって他の一つをととのえる。朝の勤行が始められたとき、終りの讃頌の前に、ブラフマン祭官が唱えはじめると、

〔三〕他の一つの轍を、彼（祭主）はととのえる。もう一つのものは捨てられる。あたか

も一本足の男が歩くとき、あるいは一輪の車が動くとき害《そこな》われるように、彼の供犠祭は害われる。供犠祭が害われるとき、祭主みずからも害われる。彼は祭祀を行ないながら、彼は悪業を背負う者となる。

〔四〕しかし、朝の勤行が行なわれたとき、終りの讃頌の前に、ブラフマン祭官が唱えはじめないときには、祭司たちは二つの轍をととのえ、そのいずれの一つも捨てられない。

〔五〕あたかも人間が二本の足で歩き、あるいは車が両輪で滑らかに動いて安定しているように、彼の供犠祭は安定する。供犠祭が安定するとき、祭主もそれに倣って安定する。彼は祭祀を行なうて、善業の人となる。

第十七節

〔一〕プラジャー＝パティ（創造主）は諸世界を抱きあたためた。それらが抱きあたためられている間に、彼は種々の漿液《しょうえき》をそれらから搾った。大地から火を、虚空から風を、天から太陽を搾りとった。

〔二〕それから、彼はこれらの三神格を抱きあたためた。それらが抱きあたためられている間に、彼は種々の漿液をそれらから搾った。火から讃歌《リチ》を、風から祭詞《ヤジュス》を、太陽から旋律《サーマン》を搾りとった。

〔三〕　彼はこれらの三種の聖知を抱きあたためた。これらのものが抱きあたためられている間に、彼は種々の漿液をそれらから搾った。讃歌より空界を、祭詞より地界を、旋律より天界を搾りとった。

〔四〕　供犠祭が讃歌の側から害われるとき、「空界は、スヴァーハー」と唱えて、ガールハパトヤ祭火に供物を投げ入れよ。彼は讃歌の漿液により、讃歌の威力により、讃歌と供犠祭の損害を償うのである。

〔五〕　また、祭詞の側から害われるとき、「地界は、スヴァーハー」と唱えて、南側の祭火に供物を投げ入れよ。彼は祭詞の漿液により、祭詞の威力により、祭詞と供犠祭の損害を償うのである。

〔六〕　また、旋律の面から害われるとき、「天界は、スヴァーハー」と唱えて、アーハヴァニーヤ祭火に供物を投げ入れよ。彼は旋律の漿液により、旋律の威力により、旋律と供犠祭の損害を償うのである。

〔七〕　それはあたかも塩で黄金を償い、黄金で銀を、銀で錫を、錫で鉛を、鉛で銅を、銅で木材を、木材で皮を償うのと同じである。

〔八〕　このように、供犠祭の損害は諸世界・これらの諸神・これら三種の学識の威力によって償われる。このように知るブラフマン祭官がいる場合、かの供犠祭は実に回復させられるのである。

〔九〕このように知るブラフマン祭官がいる場合、かの供犠祭は実に北方に傾斜しているのである。このように知るブラフマン祭官に関して、次の詩頌がある。

ブラフマン祭官がいずれの方角に振りむこうと、

人は〔それに倣って〕その方角に赴く。

ブラフマン祭官は唯一の司祭者、

眼でクル族の者たちを監視する。

〔一〇〕このように知るブラフマン祭官は、供犠祭と祭主とすべての司祭者たちを監視する。従って、人はこのように知る者を祭式の総指揮とすべきである。このように知っていない者を、そうしてはならない。

第五章

第一節

〔一〕最高にして最勝のものを知る者は、まこと最高者となり最勝者となる。気息は実に最高にして最勝のものである。

〔二〕最も卓越したものを知る者は、まこと自己の眷族《けんぞく》の中で最も卓越した者となる。言語は実に最も卓越したものである。

〔三〕拠りどころを知る者は、この世界とあの世界において拠りどころを得る。眼は実に拠りどころである。

〔四〕成就を知る者は、神に関する願望も、人間に関する欲望も、すべて成就する。耳は実に成就である。

〔五〕支点を知る者は、まこと自己の眷族の支点となる。心は実に支点である。

〔六〕さて、これらの生活機能が「わたしが勝れている」、「わたしが勝れている」と、互に優劣を競うた。

〔七〕これらの機能は父のプラジャー゠パティの許に赴いて、言った。「尊き方よ、われわれの中で、誰が最も勝れていますか」と。

かれらに、彼（プラジャー゠パティ）は語った。

「肉身から遊離したときに、肉身が最悪の状態になるもの、それがおまえらの中で最も勝れている」と。

〔八〕そこで、言語が出離して、一年の間他処《よそ》に行き、帰ってきて言った。

「わたしがいなくても、おまえたちは生きることができたか」と。「物の言えない唖者と全く同じで、気息で呼吸し、眼で見、耳で聞き、心では考えることができた」と。

言語は〔再び肉身に〕入った。

〔九〕　眼が出離して、一年の間他処に行き、帰ってきて言った。「わたしがいなくても、おまえたちは生きることができたか」と。「物の見えない盲人と全く同じで、気息で呼吸し、言葉で喋り、耳で聴き、心で考えることができた」と。

眼は〔再び肉身に〕入った。

〔一〇〕　耳が出離して、一年の間他処に行き、帰ってきて言った。「わたしがいなくても、おまえたちは生きることができたか」と。「耳の聞こえない聾者と全く同じで、気息で呼吸し、言葉で喋り、眼で見て、心で考えることができた」と。

耳は〔再び肉身に〕入った。

〔一一〕　心が出離して、一年の間他処に行き、帰ってきて言った。「わたしがいなくても、おまえたちは生きることができたか」と。

「意識する力のない愚者と同じで、気息で呼吸し、言語で喋り、眼で見、耳で聞くことができた」と。

心は〔再び肉身に〕入った。

〔一二〕そこで、生気が出離しようとした。あたかも駿馬《しゅんめ》が足鎖を繋いだ杭を抜くように、他の諸生気を一緒に引抜いた。〔諸機能は〕集って、彼に言った。

「尊き方よ、帰っていただきたい。あなたがわれわれの中で最も勝れた方です。出て行かないでください」と。

〔一三〕そこで、彼に言語が言った。

「わたしが最も卓越した者であるから、あなたは最も卓越した方です」と。

するとと、眼が彼に言った。

「わたしが拠りどころであるから、あなたは拠りどころなのです」と。

〔一四〕次に、耳が彼に語った。

「わたしが成就であるから、あなたは成就なのです」と。

すると、心が彼に語った。

「わたしが支点であるから、あなたは支点なのです」と。

〔一五〕言語も、眼も、耳も、心も、〔最高・最勝のものとは〕言われない。気息こそそうであると言われる。何故ならば、気息はまさにこれらのすべてであるからである。

第二節

〔一〕 彼（気息）が言った。
「何がわたしの食物になるのであろうか」と。

「犬や鳥どもに至るまで、ここにあるものすべてである」

と、かれらが言った。従って、このすべてはアナ（Ana「呼吸」）の食物（anna）である。アナは気息の明々白々な名称である。このように知る者に、食物にならないものは何もない。

〔二〕 彼が言った。
「何がわたしの衣服となるのであろうか」と。

「水です」

と、かれらが答えた。従って、食事をしようとする者は、食事を食前と食後に水で包むのである[29]。気息はこうして衣服を享け、彼は裸にはならない。

〔三〕 サトヤカーマ＝ジャーバーラがこのことをゴーシュルティ＝ヴァイヤーグラパドヤに語ったのちに、言った。

「人がこのことを枯れた株に語ったとすれば、その株に枝が生じ、葉が茂るであろう」と。

〔四〕さて、人が偉大さを達成しようと欲する場合、彼は新月の日に潔斎し、満月の夜にあらゆる種類の野菜の汁液を牛乳と蜜とに混合し、「最高のものに、最勝のものに、スヴァーハー」(30)と唱えて、溶酪を祭火に注いだ残りを、この混合液に注ぐべきである。

〔五〕「最も卓越したものに、スヴァーハー」と唱えて、溶酪を祭火に注いだ残りを、この混合液に注ぐべきである。

「拠りどころに、スヴァーハー」と唱えて、溶酪を祭火に注いだ残りを、この混合液に注ぐべきである。

「成就に、スヴァーハー」と唱えて、溶酪を祭火に注いだ残りを、この混合液に注ぐべきである。

「支点に、スヴァーハー」と唱えて、溶酪を祭火に注いだ残りを、この混合液に注ぐべきである。

〔六〕次に、〔祭壇の前から〕匍匐《ほふく》して退《さが》って、混合液を両手に捧げ持って、低声で〔次の句を〕唱える。

「汝はアマ(Ama)という名である。何故ならば、この一切は汝とともに(amā)にあるからである。

彼は最高にして最勝の者、王にして君主である。
彼はわたしを最高・最勝の地位に、王位に、君主の位に到達せしめよ。
わたしはこの一切でありたい」と。

〔七〕次に、次の讃頌を唱えながら、詩節ごとに、混合液を啜《すす》る。
サヴィトリ神の　と唱えて啜る。
食物をわれらは選ぶ、　と唱えて啜る。
最勝にして、すべてを元気づける最上のものを。　と唱えて啜る。
慈悲深き神のゆたかな食物を、われらは念ず。
と唱えて、すべてを飲む。

〔八〕〔混合液を容れた〕金属製あるいは木製の皿を洗って、無言のまま注意を集中して、祭火の西側に、皮の敷物の上あるいは地面に坐る。女の姿を見るとき、祭式は完了したと知るべきである。

〔九〕この点に関し、詩頌がある。
欲望の満足を祈願する祭式、
あるいは夢の中で、女を見るとき、
その夢の中の姿に、

祭式は完了したと知るべし。
と。その夢の中に現われた姿に、と。

第三節

〔一〕　シュヴェータケートゥ＝アールネーヤがパンチャーラ族の集会に出席した。プラヴァーハナ＝ジャイヴァリ〔王〕が彼に言った。
王「若者よ、そなたの父から教えを受けたか」と。
「陛下、父について〔学びました〕」と。
〔二〕　王「生類はこの世から〔どこへ〕行くか、知っているか」と。
シ「陛下、存じません」と。
王「かれらはどのようにして再び帰ってくるか、知っているか」と。
シ「陛下、存じません」と。
王「神道と祖道の両道の転回点を知っているか」と。
シ「陛下、存じません」と。
〔三〕　王「あの世はどのようにして〔死者で〕一杯にならないか、知っているか」と。
シ「陛下、存じません」と。

王「第五の献供に際して祭火の中に注がれた水が、どのようにして人間の言葉を喋るようになるか、知っているか」と。

シ「陛下、存じません」。

〔四〕 王「何故に、そなたは父について学んだなど、言うのか。これらのことを知らない者が、どうして父について学んだと言うことができよう」と。

彼は悄然《しょうぜん》として父（ウッダーラカ＝アールニ仙）の許に帰って、父に言った。

シ「父上は実際にはなに一つ教えてくださらないで、「わたしはおまえに教えた」と言われました。

〔五〕 王家の一人がわたくしに五つの質問をしましたが、その一つにさえ答えることができませんでした」と。

父が言った。

父「愛児よ、おまえがわたしに言ったことは、そのどれ一つも、わたしは知らないのだ。もしわたしがそれらのことを知っていたら、どうしておまえに教えずにおろうか」と。

〔六〕 かのガウタマ（ウッダーラカ＝アールニの家名）仙は、王の許に赴いた。王は到着した彼を鄭重にもてなした。

次の朝、政庁にいる王のところへ、彼は赴いた。王が彼に言った。

王「尊きガウタマ仙よ、どうか人間界の財宝で御所望の品をおえらびいただきたい」と。

彼は言った。

「王よ、人間界の財宝はあなたこそ御所持ください。わたくしの子どもの前でお話しになったお言葉を、わたくしに語っていただきたい」と。
〔七〕王は困惑した。彼に
「ごゆっくりしなさい」

と勧めた。それから、王は言った。

王「ガウタマ仙よ、あなたがわたしに言われたように、この学問はこれまであなたより以前に、他の婆羅門たちには伝えられていません。従って、それは一切の世界において、クシャトリヤ（王侯・武士の階級）のみの教えだったのです」と。

王が彼に語った。

第四節

〔一〕王「かの世界は実に、ガウタマよ、祭火である。太陽こそその薪であり、光線はその煙、昼はその焔、月はその炭、諸々の星はその火花である。
〔二〕この祭火の中に、神々は信仰を供物として投入する。この献供からソーマ王（神酒ソーマ）が出現する。

第五節

〔一〕雨の神は実に、ガウタマよ、祭火である。風こそその薪であり、雲はその煙、稲妻の閃光はその焔、稲妻はその炭、霰はその火花である。

〔二〕この祭火の中に、神々はソーマ王を供物として投入する。この献供から雨が生ずる。

第六節

〔一〕大地は実に、ガウタマよ、祭火である。歳こそその薪である。虚空はその煙、夜はその焔、四方はその炭、四維（東北・東南・西北・西南の四隅）はその火花である。

〔二〕この祭火の中に、神々は雨を供物として投入する。この献供から食物が生ずる。

第七節

〔一〕男子は実に、ガウタマよ、祭火である。言語こそその薪、気息はその煙、舌はその焔、眼はその炭、耳はその火花である。

〔二〕この祭火の中に、神々は食物を供物として投入する。この献供から精液が生ずる。

第八節

〔一〕　女子は実に、ガウタマよ、祭火である。腰部こそその薪、誘い呼ぶことはその煙、陰門はその焔、同衾することはその炭、淫楽はその火花である。

〔二〕　この祭火の中に、神々は精液を供物として投入する。この献供から胎児が生ずる。

第九節

〔一〕　このように、第五の献供において、水は人間の言葉を喋るようになる、と言われるのだ。この胎児は胎膜に被われて、十カ月あるいは適当な期間胎内に留って、そののちに生れる。

〔二〕　彼は生れると、寿命があるかぎり生存する。彼が死ぬると、彼に予定されたところ、彼がそこからこの世に来て、そこから生れた場所へ〔送るために〕、彼をここから火葬の火に運ぶ。

第十節

〔一〕　このように知る人々、また森において「信心は苦行である」と尊崇する人々は、

〔死後には、まず火葬の〕焔に入り、焔から昼に入り、昼から月の盈《み》ちる半月に入り、月の盈ちる半月から、太陽の北上する六カ月に入り、

〔二〕この六カ月から歳に入り、歳から太陽に入り、太陽から月に入り、月から稲妻に入るのである。すると、祖霊のプルシャが、かれらをブラフマンの許へ導く。これが神道という道である。

〔三〕しかし、村落において「祭祀と敬虔な行為は布施である」と尊崇する人々は、〔死後には、まず火葬の〕煙に入り、煙から夜に入り、夜から他の半月（月のかけてゆく半月）に入り、他の半月より太陽の南行する六カ月に入る。かれらは歳に入ることはない。

〔四〕かれらは太陽の南行する六カ月から父祖の世界に入り、父祖の世界から虚空に入り、虚空から月に入る。かれはソーマ王で、神々の食物である。神々はそれを食べる。

〔五〕その残りのある間、かれらはそこに留り、それから再び、来た道を引き返して虚空に戻り、虚空から風に戻り、風となって煙となり、煙となって靄となる。

〔六〕靄となって雲となり、雲となってのち雨となって地上に降る。地上において、かれらは米・麦・草・木・胡麻・豆となって生れる。この境遇からは実に脱出しがたいのであるが、誰かがそれを食べ、精液として母胎に注ぐとき、それは漸くにして、精液を注いだ者と同じになる。

〔七〕従って、この世において勝れた行状の人々は、勝れた胎に、すなわち婆羅門の胎に、あるいはクシャトリヤ（王侯・武士の階級）の胎に、あるいはヴァイシヤ（一般の庶民）の胎に入ると、期待される。しかし、この世において汚らわしい行状の人々は、汚らわしい胎に、すなわち犬の胎あるいは豚の胎に、あるいはチャンダーラ（賤民の一種）の胎に入ると予想される。

〔八〕次に、これらの下等の動物たちは、前記の両道のいずれをも通ることなく、繰返しこの世に生れてくる。これは、創造主の「生れよ」とか「死ね」という命令に従う第三の境遇である。

従って、かの世界は死者の霊で一杯になることはないのである。その故に、人は行動を慎むべきである。この点について、詩頌がある。

〔九〕黄金を盗む者、スラー酒を飲む者、
師の閨房を犯す者、婆羅門を殺す者、
これらの四者は破滅に陥る。
これらの輩と交わる第五の者も同じ、と。

〔一〇〕しかし、これらの五火を知る者は、たといこれらの輩と交わっても、悪に汚されることはない。このように知る者は清浄であり純粋であり、福徳の世界に生れる」と。

第十一節

〔一〕　プラーチーナシャーラ＝アウパマヌヤヴァ、サトヤ＝ヤジュニャ＝パウルシ、インドラデュムナ＝バーッラヴェーヤ、ジャナ＝シャールカラークシュヤ、ブディラ＝アーシュヴァタラーシュヴィ、これらの人々は偉大な家長で偉大な学者であるが、あるとき集って、「アートマンとは何か」、「ブラフマンとは何か」という問題を討議した。

〔二〕　結局、かれらの意見は一致した。「諸君、実にウッダーラカ＝アールニは、現在、一切に遍満するアートマンを研究しているから、われわれは彼のところへ行こうではないか」と。

そこで、かれらは彼のところへ行った。

〔三〕　彼は思案した。「偉大な家長で偉大な学者であるこれらの方々は、わたしに訊ねるであろう。これらの方々に満足に答えることはできそうもない。そうだ、わたしは別の人を推薦しよう」と。

〔四〕　そこで、彼はかれらに言った。「みなさん、かのケーカヤ族のアシュヴァパティ〔王〕は、現在、一切に遍満するアートマンを研究しています。是非、彼のところへ行ってみましょう」と。

そこで、かれらはかの王の許に赴いた。
〔五〕　かれらが到着すると、王はそれぞれを款待《かんたい》させた。
翌朝、王は床を離れると、言った。

「余の国内には、盗賊なく
　吝嗇漢なく、泥酔者もいない。

　祭火を絶やす者もなく、無学者もいない。

　放埒な者もおらず、まして姦婦はいない。

諸氏よ、余は実に祭祀を行おうとしている。祭官の一人一人にさしあげるだけの財物を、あなたがたにも、それぞれに贈りましょう。諸氏は、ここに御逗留ください」と。
〔六〕　かれらが王に語った。
「一人の男がある目的をもってやって来たのですから、それだけは話すべきであります。あなたは一切に遍満するこのアートマンを研究していられるとのこと、それをわれわれに話していただきたい」と。
〔七〕　王がかれらに言った。
「明朝、あなたがたにお話ししましょう」と。

そこで、かれらは薪を手にして、次の日の早朝に、王のところへ赴いた。王は入門の儀式をしないで、かれらに次のように語った。

第十二節

〔一〕王「アウパマヌヤヴァよ、君は何をアートマンとして尊崇するか」と。

ア「尊き王よ、天をです」

と、彼は答えた。

王「君がアートマンとして尊崇するものは、実に搾られたソーマのように輝く、一切に遍満するアートマンである。従って、君の家では、三種のソーマ酒が見られるのだ。

〔二〕君は食物に不自由することなく、好ましいものを見る。まさに、一切に遍満することのアートマンを尊崇する者は、食物に不自由することなく、好ましいものを見て、彼の家にはブラフマンの栄光（精神的な優越感）がある。しかし、それはアートマンの頭にすぎない。君が余の許に来なかったならば、君の頭は落ちていたであろう」

と、かの王は語った。

第十三節

〔一〕次に、王はサトヤ＝ヤジュニャ＝パウルシに言った。

王「プラーチーナヨーグヤよ、君は何をアートマンとして尊崇しているのか」と。

プ「尊き王よ、太陽をです」

と、彼は答えた。

王「君がアートマンとして尊崇するものは、実に一切の姿をもつ、一切に遍満するアートマンである。従って、君の家では、あらゆる姿のものが多数に見られるのだ。
〔二〕牝馬をつけた車、奴隷女、黄金の装飾品が君の自由になる。しかも、君は食物に不自由することなく、好ましいものを見る。まさに、一切に遍満するこのアートマンを尊崇する者は、食物に不自由することなく、好ましいものを見て、彼の家にはブラフマンの栄光がある。しかし、それはアートマンの眼にすぎない。君が余の許に来なかったならば、君は盲人になっていたであろう」
と、かの王は語った。

第十四節

〔一〕次に、王はインドラデュムナ＝バーッラヴェーヤに言った。
王「ヴァイヤーグラパドヤよ、君は何をアートマンとして尊崇するのか」と。
ヴァ「尊き王よ、風をです」

と、彼は答えた。

王「君がアートマンとして尊崇するものは、実に種々の通路を持つ、一切に遍満するアートマンである。従って、種々の贈物が君の許に集り、種々の車の列が君のあとに扈従《こしよう》するのだ。

〔二〕君は食物に不自由することなく、好ましいものを見る。まさに、一切に遍満するこのアートマンを尊崇する者は、食物に不自由することなく、好ましいものを見て、彼の家にはブラフマンの栄光がある。しかし、それはアートマンの気息にすぎない。君が余の許に来なかったならば、君の気息は出ていってしまったであろう」

と、かの王は語った。

第十五節

〔一〕次に、王はジャナ＝シャールカラークシュヤに言った。

王「シャールカラークシュヤよ、君は何をアートマンとして尊崇するのか」と。

シャ「尊き王よ、虚空をです」

と、彼は答えた。

王「君がアートマンとして尊崇するものは、実に豊富なものとして一切に遍満するアートマンである。従って、君は子孫と財宝とが豊かなのである。
〔二〕君は食物に不自由することなく、好ましいものを見る。まさに、一切に遍満することのアートマンを尊崇する者は、食物に不自由することなく、好ましいものを見て、彼の家にはブラフマンの栄光がある。しかし、それはアートマンの胴体にすぎない。君が余の許に来なかったならば、君の胴体は粉砕されていたであろう」
と、かの王は語った。

第十六節

〔一〕次に、王はブディラ＝アーシュヴァタラーシュヴィに言った。
王「ヴァイヤーグラパドヤよ、君は何をアートマンとして尊崇するのか」と。
ヴァ「尊き王よ、水をです」
と、彼は答えた。
王「君がアートマンとして尊崇するものは、実に財宝として一切に遍満するアートマンである。従って、君は財宝に恵まれ富み栄えているのだ。
〔二〕君は食物に不自由することなく、好ましいものを見る。まさに、この一切に遍満するアートマンを尊崇する者は、食物に不自由することなく、好ましいものを見て、彼の家にはブラフマンの栄光がある。しかし、それはアートマンの膀胱にすぎない。君が余の許に来なかったならば、君の膀胱は破裂してしまったであろう」

と、かの王は語った。

第十七節

〔一〕次に、王はヴッダーラカ＝アールニに言った。
王「ガウタマよ、君は何をアートマンとして尊崇するのか」と。
ガ「尊き王よ、大地をです」
と、彼は答えた。
王「君がアートマンとして尊崇するものは、実に根拠として一切に遍満するアートマンである。従って、君は子孫と家畜とが栄えているのだ。
〔二〕君は食物に不自由することなく、好ましいものを見る。まさに、この一切に遍満するアートマンを尊崇する者は、食物に不自由することなく、好ましいものを見て、彼の家にはブラフマンの栄光がある。しかし、それはアートマンの両足にすぎない。君が余の許に来なかったならば、君の両足は萎えてしまっていたであろう」
と、かの王は語った。

第十八節

〔一〕　王がかれらに語った。

王「実に諸君らはこの一切に遍満するアートマンをそれぞれに別のものであるかのように認知して、食物を得ている。しかし、この一切に遍満するアートマンを指尺の長さだけのものであり、しかも計量を超越したものとして尊崇する者は、一切の世界において、一切の存在において、一切のアートマンにおいて、食物を得るのだ。

〔二〕　搾られたソーマのように輝くアートマンは、この一切に遍満するアートマンの頭にすぎない。一切の姿をもつアートマンはその眼にすぎず、種々の通路をもつアートマンはその気息にすぎず、豊富なものとしてのアートマンはその胴体にすぎず、財宝としてのアートマンはその膀胱にすぎず、根拠としてのアートマンはその両足にすぎない。さらに、祭壇はその胸にすぎず、祭壇に敷く茅はその毛髪にすぎず、ガールハパトヤ祭火はその心臓にすぎず、アンヴァーハールヤ＝パチャナ祭火はその意にすぎず、アーハヴァニーヤ祭火はその口にすぎない。

第十九節

〔一〕いかなる食物であれ、人が最初に得た食物を祭火に供物として投げ入れるべきである。最初に供物を祭火に投げ入れるとき、

「吸気《プラーナ》に、スヴァーハー」

と唱えて、火に投げ入れよ。それによって、吸気は安らかとなる。

〔二〕吸気が安らかとなるとき、眼は安らかとなる。眼が安らかとなるとき、太陽は安らかとなる。太陽が安らかとなるとき、天は安らかとなる。天が安らかとなるとき、天と太陽とを支配する一切のものは安らかとなる。これが安らかとなるとき、人は安らかとなり、子孫・家畜・食物・威光・ブラフマンの栄光に富む者となる。

第二十節

〔一〕次に、第二の供物を

「体気《ヴャーナ》（五気の一つで、体内を循環する生気）に、スヴァーハー」

と唱えて、祭火に投げ入れるべきである。それによって、体気は安らかとなる。

〔二〕体気が安らかとなるとき、耳は安らかとなる。耳が安らかとなるとき、月は安らか

となる。月が安らかとなるとき、諸方角は安らかとなる。諸方角が安らかとなるとき、月と諸方角とを支配する一切のものは安らかとなる。これが安らかとなるとき、人は安らかとなり、子孫・家畜・食物・威光・ブラフマンの栄光に富む者となる。

第二十一節

〔一〕 次に、第三の供物を「呼気《アパーナ》に、スヴァーハー」と唱えて、祭火の中に投げ入れるべきである。それによって、呼気は安らかとなる。

〔二〕 呼気が安らかとなるとき、声は安らかとなる。声が安らかとなるとき、祭火は安らかとなる。祭火が安らかとなるとき、大地は安らかとなる。大地が安らかとなるとき、大地と祭火とを支配する一切のものは安らかとなる。これが安らかとなるとき、人は安らかとなり、子孫・家畜・食物・威光・ブラフマンの栄光に富む者となる。

第二十二節

〔一〕 次に、第四の供物を「腹気《サマーナ》（臍のあたりを循環し、消化に欠くべからざる生気）に、スヴァーハー」

と唱えて、祭火の中に投げ入れるべきである。それによって、腹気は安らかとなる。

〔二〕 腹気が安らかとなるとき、意は安らかとなる。意が安らかとなるとき、雨は安らかとなる。雨が安らかとなるとき、稲妻は安らかとなる。稲妻が安らかとなるとき、稲妻と雨とを支配する一切のものは安らかとなる。これが安らかとなるとき、人は安らかとなり、子孫・家畜・食物・威光・ブラフマンの栄光に富む者となる。

第二十三節

〔一〕 次に、第五の供物を

「昇気《ウダーナ》（五気の一つで、頭部にあって上昇する生気）に、スヴァーハー」

と唱えて、祭火の中に投げ入れるべきである。それによって、昇気は安らかとなる。

〔二〕 昇気が安らかとなるとき、風は安らかとなる。風が安らかとなるとき、虚空は安らかとなる。虚空が安らかとなるとき、風と虚空とを支配する一切のものは安らかとなる。これが安らかとなるとき、人は安らかとなり、子孫・家畜・食物・威光・ブラフマンの栄光に富む者となる。

第二十四節

〔一〕 もし誰かが、このことを知らないで、アグニ（火）神を祀って祭火の中に供物を投げ入れるときは、あたかも炭を押しのけて灰の中に供物を投げ入れるのと同じであろう。

〔二〕 しかし、このことをこのように知って、アグニ神を祀って祭火の中に供物を投げ入れるときは、一切の世界に、一切の存在に、一切のアートマンに、供物を捧げることになる。

〔三〕 火にくべられた葦の穂先が焼けるように、このことをこのように知って、アグニ神を祀り供物を祭火の中に投げ入れる者は、その罪悪はすべて焼きつくされる。

〔四〕 従って、このように知っておれば、たといチャンダーラ（賤民の一種）に供物の残滓を与えたとしても、一切に遍満するアートマンに供物を捧げたことになろう」と。

この点について、詩頌がある。

〔五〕 あたかも空腹の子どもらが

母親にまとわりつくように、

まさしく一切のこの世に存在するものは、

アグニ神を祀る祭火のまわりに坐る、と。

アグニ神を祀る祭火のまわりに坐る、と。

第六章

第一節

〔一〕 シュヴェータケートゥ＝アールネーヤという人がいた。彼の父（ウッダーラカ＝アールニ）があるとき彼に言った。

「シュヴェータケートゥよ。婆羅門《バラモン》としての修業の生活にはいれ。愛児よ、われわれの一族の者には、学習をすることなく、ただ名だけ婆羅門であるというような者はいない」と。

〔二〕 彼は十二年のあいだ師匠に就き、二十四歳ですべてのヴェーダを学習し、得意になり、みずから学識があると自惚れて、意気揚々として帰ってきた。

〔三〕 彼に父が言った。

「シュヴェータケートゥよ、愛児よ、おまえは得意になって、みずから学識があると自惚れ、意気揚々としている。では、聞かないことが聞いたことになり、思考しないことが思考したものとなり、認識しないものが認識したものとなるような教義を訊ねたか」と。

〔四〕 子「尊き父上よ、一体その教義とはどのようなものですか」と。

父「愛児よ、一個の土塊によって土から成る一切のものが認識されるように、変異とは言語による把握である（「語彙上の区別があるのみ」の意）。土という名称こそ真実なのである。

〔五〕愛児よ、一個の銅製の装身具によって一切の銅製品が認識されるように、変異とは言語による把握である。銅という名称こそ真実なのである。

〔六〕愛児よ、一個の爪切鋏によって一切の鉄製品が認識されるように、変異とは言語による把握である。鉄という名称こそ真実なのである。愛児よ、かの教義とはこのようであるのだ」と。

〔七〕子「わたくしの先生たちは必ずやそれを知らなかったに相違ない。もし知っておられたならば、どうしてわたくしに語らないでいましょう。尊き父上は、なにとぞわたくしにそれを教えてください」と。

父「愛児よ、よろしい」

と、彼（ウッダーラカ＝アールニ）は言った。

第二節

〔一〕父「愛児よ、これ（宇宙）は太初において有《う》（sat）のみであった。それこそ唯一の存在で、第二のものはなかった。ところが、ある人々は「太初においては、これは無（asat）のみであった。それこそ唯一の存在で、第二のものはなかった。この無から有は生じた」と言う。

〔二〕 しかし、愛児よ、どうしてそういうことがありえよう。どうして無から有の生ずることがあろうか。そうではなくて、愛児よ、太初において、これは有のみであったのだ。それこそ唯一の存在で、第二のものはなかったのだ」と、彼は言った。

〔三〕 「それは『自分は多くなろう。自分は繁殖しよう』と思った。それは熱を創造した。その熱は『自分は多くなろう。自分は繁殖しよう』と思った。熱は水を創造した。従って、どこであっても人が暑熱に苦しむとき、人は実に発汗するのだ。そのとき、まさしく、熱から水が生ずるのである。

〔四〕 その水は『自分は多くなろう。自分は繁殖しよう』と思った。水は食物を創造した。従って、どこであっても雨の降るところには、まさに多くの食物があるのである。その場合、まさしく、水から食物が生ずるのである。

第三節

〔一〕　これらのこの世に存在するものには、三種の種子がある。卵生と胎生と芽生とである。(31)

〔二〕　かの神格（有）は思った、「さて、余はこの生命であるアートマンとともに、これらの三神格（熱と水と食物）にはいり、名称と形態とを展開しよう」と。

〔三〕「それらの神格の各々をそれぞれ三重にしよう」と思い、かの神格（有）はこれらの三神格に、この生命であるアートマンとともにはいり、名称と形態とを展開した。

〔四〕　彼はそれらの各々をそれぞれ三重にした。しかし、愛児よ、実にこれらの三神格がそれぞれどのように三重になるか、そのことを、わたしから知れ」と。

第四節

〔一〕　父「火の赤い色、それは熱の色である。白いのは、すなわち水の色である。黒いのは、すなわち食物の色である。火から火の本質は消滅したのである。変異とは言語による把握であり、三つの色という名称こそ真実なのである。

〔二〕　太陽の赤い色、それは熱の色である。白いのは、すなわち水の色である。黒いのは、すなわち食物の色である。太陽から太陽の本質は消滅したのである。変異とは言語の把握であり、三つの色という名称こそ真実なのである。

〔三〕　月の赤い色、それは熱の色である。白いのは、すなわち水の色である。黒いのは、すなわち食物の色である。月から月の本質は消滅したのである。変異とは言語の把握であり、三つの色という名称こそ真実なのである。

〔四〕　稲妻の赤い色、それは熱の色である。白いのは、すなわち水の色である。黒いのは、すなわち食物の色である。稲妻から稲妻の本質は消滅したのである。変異とは言語の把握であり、三つの色という名称こそ真実なのである。

〔五〕　古昔、大邸宅を有した大学者は、実にそのことを知って、「われわれの中の誰も、聞かないこと・思わないこと・認識しないことを、今日、語らないであろう」と言った。かれらはこれら（熱・水・食物の三要素）からこのように知ったからである。

〔六〕　「赤いようであったもの、それは熱の色である」と、かれらはそのことを知ったのである。「白く見えたもの、それは水の色である」と、かれらはそのことを知ったのである。「黒いように見えたもの、それは食物の色である」と、かれらはそのことを知ったのである。

〔七〕「認識されなかったようなこと、それはこれらの神格（三要素）の集成である」と、かれらはそのことを知ったのである。しかし、実に、愛児よ、これらの三神格は人間に到達して、各々それぞれに三重となるのだ。そのことを、わたしから知れ」と。

第五節

〔一〕父「摂取された食物は三つに分たれる。その最も粗《あら》い部分は便となり、中間のものは肉となり、最も微細な部分は意となる。

〔二〕飲まれた水は三つに分たれる。その最も粗い部分は尿となり、中間のものは血となり、最も微細な部分は気息となる。

〔三〕摂取された熱（燃焼性の食物、すなわち胡麻油、醬油など）は三つに分たれる。その最も粗い部分は骨となり、中間のものは髄となり、最も微細な部分は言語となる。

〔四〕愛児よ、意は食物から成り、気息は水から成り、言語は熱から成っているからである」と。

子「尊き父上は、さらに、わたくしに教えてください」と。

父「愛児よ、よろしい」

と、彼（ウッダーラカ＝アールニ）は言った。

第六節

〔一〕 父「愛児よ、凝結した牛乳が攪拌《かくはん》されるとき、その微粒子は上方に向って昇り、それは酪《らく》となる。

〔二〕 まさに、このように、愛児よ、食物が摂取されるとき、その微粒子は上方に向って昇り、それは意となる。

〔三〕 愛児よ、水が飲まれるとき、その微粒子は上方に向って昇り、それは気息となる。

〔四〕 愛児よ、熱が摂取されるとき、その微粒子は上方に向って昇り、それは言語となる。

〔五〕 愛児よ、意は食物から成り、気息は水から成り、言語は熱から成っているからである」と。

子「尊き父上は、さらに、わたくしに教えてください」と。

父「愛児よ、よろしい」

と、彼は言った。

第七節

〔一〕 父「愛児よ、人間は十六の部分から成るのだ。十五日間、食物を食べてはならぬ。欲するままに水を飲め。気息は水から成るものゆえ、水を飲む者の気息は絶えないであろう」と。

〔二〕 そこで、彼は十五日間絶食した。そののち、彼は父の側に坐った。

子「ああ、何を言いましょうか」と。

父「愛児よ、讃歌、祭詞、旋律を唱えてみよ」と。

彼は言った。

子「まこと何も浮んできません」と。

〔三〕 彼に父が言った。

父「愛児よ、さかんに燃やされた火の中に蛍火ほどの炭火が残っても、それから再び激しく燃えあがらないように、そのように、愛児よ、おまえの十六の部分の一つだけが残っても、それによってヴェーダを、おまえは思い出すことはないのだ。さあ、食べるがよい。そののち、わたしが教えてあげよう」と。

〔四〕 彼は食事をした。そして、父の側に坐った。父が彼に何を訊ねても、彼はそのすべてを答えた。彼に父が言った。

〔五〕 父「愛児よ、さかんに燃やされた火の中に残された蛍火ほどの炭火でも、草をつぎ

たして燃えたたすならば、それによって火は再びそれから燃え上るように、
〔六〕そのように、愛児よ、おまえの十六の部分の一つが残っていたのだ。それは食物をつぎたされて、燃え上ったのだ。まこと、それらの食物によって、おまえはヴェーダを思い出すのである。何故ならば、愛児よ、意は食物から成り、気息は水から成り、言語は熱から成っているからである」と。

このことを彼は父から教えられて認識した。彼は認識に達した。

第八節

〔一〕ウッダーラカ＝アールニが息子のシュヴェータケートゥに言った。

父「愛児よ、睡眠の状態をわたしは教えよう。人間が眠るといわれる場合、愛児よ、彼はそのとき有《う》と合一しているのである。自己（sva）に到達した（apita）のである。従って、彼を「眠っている」（svapiti）というのである。何故ならば、彼は自己に到達した者となるからである。

〔二〕あたかも紐につながれた鳥が、あちらこちらに飛び立って、他にとまるところが得られず、つながれた場処につかまり休むように、まさにそのように、愛児よ、この意はあちらこちらに飛んで、他に拠りどころが得られず、〔結局〕気息に縋りつかまるのである。

何故ならば、愛児よ、意は気息につながれているからである」と。

〔三〕 父「愛児よ、饑《き》渇《かつ》について、わたしが教えよう」と。

父「人間が食べたいという場合、実に水がこの摂取したものを導くのである（aśitam rayante）。それは、例えば牛を導く者（go-nāya）、馬を導く者（aśva-nāya）、人間を導く者（puruṣa-nāya）というように、まさに水は「食を導くもの」（aśa-nāya「饑」）といわれる。その場合、愛児よ、これ（われわれの身体）は根のないものではないであろうと〔考えて、水の導いた食物より〕発芽した芽であると認識せよ。

〔四〕 その根は水よりほかの何処にあろう。まさに、そのように、愛児よ、芽である食物によって、根である水を尋ね求めよ。愛児よ、芽である水によって、根である熱を尋ね求めよ。愛児よ、芽である熱によって、根である有《う》を尋ね求めよ。愛児よ、これら一切の生類は有を根とし、有を休息所とし、有を拠りどころとする。

〔五〕 次に、人間が水を飲みたいという場合、実に熱がこの飲んだものを導くのである（pītaṁ nayate）。それは、例えば牛を導く者、馬を導く者、人間を導く者というように、まさに熱は「水を導く者」（udanyā「渇」）といわれる。その場合、これは根のないものではないであろうと〔考えて、熱の導いた水より〕生じた芽であると認識せよ。

〔六〕 その根は水よりほかの何処にあろう。愛児よ、芽である水によって、根である熱を尋ね求めよ。愛児よ、芽である熱によって、根である有を尋ね求めよ。愛児よ、これら一切の生類は有を根とし、有を休息所とし、有を拠りどころとする。

しかし、どのようにしてこれらの三神格が人間に到達して、各々それぞれに三重になるかは、嚮《さき》に述べた通りである。愛児よ、この人間の死ぬるとき、言語は意に、意は気息に、気息は熱に、熱は最高の神格（有）に合一する。かの微粒子はといえば、

〔七〕この一切（全宇宙）は、それを本性とするものである。それは真実である。それはアートマンである。それは汝である。シュヴェータケートゥよ」と。

子「尊き父上は、さらに、わたくしに教えていただきたい」と。

父「愛児よ、よろしい」

と、彼（ウッダーラカ＝アールニ）は言った。

第九節

〔一〕父「愛児よ、あたかも蜜蜂が蜜をつくるとき、種々の樹木の液を集めて、同じ味のものとし、

〔二〕しかも、その中で、「わたしはあの樹の液である」、「わたしはあの樹の液である」と区別しあうことのないように、まさにそのように、愛児よ、これら一切の生類は、有に

合一して、「われわれは有に合一する」とは知らないのだ。

〔三〕この世において、虎であれ、獅子であれ、狼であれ、猪であれ、蛾であれ、虻《あぶ》であれ、蚊であれ、そのほかの如何なるものであれ、それはその存在のままでいるのだ。

〔四〕かの微粒子はといえば、この一切はそれを本性とするものである。それは真実である。それはアートマンである。それは汝である、シュヴェータケートゥよ」と。

子「尊き父上は、さらに、わたくしに教えていただきたい」と。

父「愛児よ、よろしい」

と、彼は言った。

第十節

〔一〕父「愛児よ、これらの東方にある諸河川は東に向って流れ、西方にある諸河川は西に向って流れる。それらは海から海に流入する。それは海となる。そこでは、「これがわたしだ」、「これがわたしだ」と、それらの諸河川が知らないように、

〔二〕まさに、そのように、愛児よ、これら一切の生類は、有より生じて、「われらは有より生ずる」と知らないのだ。この世において、虎であれ、獅子であれ、狼であれ、猪であれ、蛾であれ、虻であれ、蚊であれ、そのほかの如何なるものであれ、それはその存在

のままでいるのだ。

〔三〕かの微粒子はといえば、この一切はそれを本性とするものである。それは真実であり、それはアートマンであり、それは汝である、シュヴェータケートゥよ」と。

子「尊き父上は、さらに、わたくしに教えていただきたい」と。

父「愛児よ、よろしい」

と、彼は言った。

第十一節

〔一〕父「愛児よ、誰かがこの大樹の根に斧で切りつけたとしても、樹は生き永らえて樹液をだすであろう。その真中の部分に切りつけても、樹は生き永らえて樹液をだすであろう。その尖端に切りつけたとしても、樹は生き永らえて、樹液を出すであろう。樹に生命であるアートマンが充満していて、樹は盛んに水分を吸収しながら、嬉々として立っているのだ。

〔二〕その一本の枝から生命が去るとき、その枝は枯死する。第二の枝から去るとき、それも枯死する。第三の枝から去るとき、その枝も枯死する。生命が樹木全体から去るとき、樹木は完全に枯死する。まさに、愛児よ、このように知れ」

と、彼は言った。

父「生命が去ったとき、実にこれ（肉体）は死ぬ。しかし、生命そのものが死ぬことはない。この微粒子はといえば、この一切はこれを本性とするものである。それは真実であり、それはアートマンであり、それは汝である、シュヴェータケートゥよ」と。

子「尊き父上は、さらに、わたくしに教えていただきたい」と。

父「愛児よ、よろしい」

と、彼は言った。

第十二節

〔一〕父「そこから榕樹の実を持って来なさい」と。
子「父上、ここにあります」と。

父「割りなさい」と。

子「父上、割りました」と。

父「その中に何が見えるか」と。

子「父上、微粒子のような種子です」と。

父「では、それらの種子の一つを割りなさい」と。

子「父上、割りました」と。
父「その中に何が見えるか」と。
子「父上、何も見えません」。
〔二〕　父が彼に言った。
父「愛児よ、まことおまえが認めることのできない、この微粒子ではあるが、愛児よ、このように大きな榕樹も、この微粒子から生じて、立っているのだ。
〔三〕　愛児よ、この事実を信ぜよ。この微粒子はといえば、この一切はそれを本性とするものである。それは真実であり、それはアートマンであり、それは汝である、シュヴェータケートゥよ」と。
子「尊き父上は、さらに、わたくしに教えていただきたい」と。
父「愛児よ、よろしい」
と、彼は言った。

第十三節

〔一〕　父「この塩を水に入れて、明朝、わたしのところへ来なさい」と。
彼（息子のシュヴェータケートゥ）はその通りにした。父が彼に言った。

父「昨夜、おまえが水に入れた塩を、では、持って来なさい」と。

彼はそれを探したが、見つからなかった。溶解してしまったかのようであった。
〔二〕父「では、その水をこの端から少し飲んでみよ。どのようだ」と。
子「塩からいです」と。

父「真中から少し飲んでみよ。どのようだ」と。

子「塩からいです」。

父「あの端から少し飲んでみよ。どのようだ」と。

子「塩からいです」と。

父「それを棄てて、わたしの側に坐れ」と。

そこで、彼は言われた通りにした。

父「塩は常に存在するのだ」。

父は彼に言った。

父「この場合に、愛児よ、実におまえは有を認めていないのだ。しかし、それは現にここに存在するのだ」。
〔三〕父「この微粒子はといえば、この一切はそれを本性とするものである。それは真実であり、それはアートマンであり、それは汝である、シュヴェータケートゥよ」と。

子「尊き父上は、さらに、わたくしに教えてください」と。

父「愛児よ、よろしい」

と、彼は言った。

第十四節

〔一〕　父「愛児よ、ガンダーラ（インド西北部の古名）地方より眼かくしした人を連れてきて、そこから無人の土地に放り出すとすれば、彼は眼かくしされて連れてこられ、眼かくしされたまま放り出されて、その場合あるいは東に、あるいは北に、あるいは南に、あるいは西に、うろうろと歩きまわるように、

〔二〕　また、彼の眼かくしをはずして、「ガンダーラ地方はこの方角にある」、「この方角に行け」と告げるならば、学識があって思慮深い彼は村から村へと尋ねて、ガンダーラ地方に到達するように、まさしくそのように、師匠をもつ人は「わたしが解脱するまでは、このわたしに遅延がある。そして、〔有に〕合一しよう」と知るのだ。

〔三〕　この微粒子はといえば、この一切はそれを本性とするものである。それは真実であり、それはアートマンであり、それは汝である、シュヴェータケートゥよ」と。

子「尊き父上は、さらに、わたくしに教えてください」と。

父「愛児よ、よろしい」
と、彼は言った。

第十五節

〔一〕父「愛児よ、重態に陥った人の周囲に親族の者たちが坐って、「わたしがわかるか」、「わたしがわかるか」と〔かわるがわる訊ねるとき〕、彼の言語が意に合一せず、意が気息に、気息が熱に、熱が最高の神格（有）に合一しない間は、彼は知ることができる。

〔二〕しかし、彼の言語が意に合一し、意が気息に、気息が熱に、熱が最高の神格に合一するとき、彼は最早知ることができない。

〔三〕かの微粒子はといえば、この一切はそれを本性とするものである。それは真実であり、それはアートマンであり、それは汝である、シュヴェータケートゥよ」と。

子「尊き父上は、さらに、わたくしに教えてください」と。

父「愛児よ、よろしい」
と、彼は言った。

第十六節

〔一〕父「手を縛られた人を連れて来て、「この男は掠奪したのだ」「この男は盗みをはたらいたのだ」「この男を処刑するために斧を真赤に焼け」と、〔人々は罵りさわぐ〕。もしこの男が犯人であるならば、彼はその故にこそみずから嘘をつくのである。彼は嘘の陳述をし、みずから嘘に包まれて〔断罪され〕、灼熱した斧を摑み、焼かれ、そして殺されるのだ。

〔二〕しかし、彼が犯人でないときは、その故にこそ彼は真実を申立てる。彼は真実の陳述をし、みずからを真実で包んでいるがために、たとい灼熱した斧を摑んでも、彼は焼かれず、そして放免されるのだ。

〔三〕かの微粒子はといえば、この一切はそれを本性とするものである。それは真実であり、それはアートマンであり、それは汝である、シュヴェータケートゥよ」と。

このことを彼は父から教えられて認識した。彼は認識に到達した。

第七章

第一節

〔一〕「尊師よ、教えていただきたい」

と言って、ナーラダがサナット＝クマーラに近づいた。彼にサナット＝クマーラが言った。

サ「君の知っていることを、余に示せ。それ以上のことを、君に話そう」と。

〔二〕彼は言った。

ナ「尊師よ、『リグ＝ヴェーダ』、『ヤジュル＝ヴェーダ』、『サーマ＝ヴェーダ』、第四の『アタルヴァ＝ヴェーダ』、第五のヴェーダである神話・古譚（『マハーバーラタ』）、諸ヴェーダのヴェーダ（文法学）、祖霊祭〔の方法〕、算数の術、占卜術、年代論、討論術、処世論、神に関する知識（神学）、ブラフマンに関する知識（哲学）、悪魔に関する知識、戦争に関する知識、星宿に関する知識、蛇および鬼霊に関する知識を学びました。尊師よ、わたくしの学びましたのは、以上の通りであります」。

〔三〕ナ「尊師よ、わたくしは聖句については知っております。しかし、アートマンについては知りません。わたくしは尊師のような方々から「アートマンを知るものは憂苦を克服する」と聞きました。わたくしはいま、尊師よ、憂い苦しんでおります。尊師よ、わたくしを憂苦の彼岸へ渡らしていただきたい」と。

彼にサナット＝クマーラが言った。

サ「まこと、君が何を学んだにせよ、それは名称にすぎない。

〔四〕『リグ＝ヴェーダ』、『ヤジュル＝ヴェーダ』、『サーマ＝ヴェーダ』、第四の『アタルヴァ＝ヴェーダ』、第五のヴェーダである神話、古譚、諸ヴェーダのヴェーダ、祖霊祭、算数の術、占卜術、年代論、討論術、処世論、神に関する知識、ブラフマンに関する知識、悪魔に関する知識、戦争に関する知識、星宿に関する知識、蛇および鬼霊に関する知識とは、実に名称である。それは名称にすぎない。名称を尊び崇めるがよい」と。

〔五〕サ「名称がブラフマンであると尊崇する者は、名称の届くかぎりでは、そこで欲するままに歩きまわることができよう」と。

ナ「尊師よ、名称より勝れたものがありますか」と。

サ「実に、名称より勝れたものがある」と。

ナ「尊師はそれをわたくしに話していただきたい」と。

第二節

〔一〕サ「言語は実に名称より勝れている。言語は『リグ＝ヴェーダ』を知らせる。『ヤジュル＝ヴェーダ』を、『サーマ＝ヴェーダ』を、第四の『アタルヴァ＝ヴェーダ』を、第五のヴェーダである神話・古譚を、諸ヴェーダのヴェーダを、祖霊祭を、算数の術を、占卜術を、年代論を、討論術を、処世論を、神に関する知識を、ブラフマンに関する知識を、悪魔に関する知識を、戦争に関する知識を、星宿に関する知識を、蛇および鬼霊に関する知識を、天を、大地を、風を、虚空を、水を、光を、神々を、人間たちを、家畜を、鳥禽を、草木の類を、野獣どもを、昆虫・蝶・蟻に至るまでを、正義と不正とを、真実と虚偽とを、善と不善とを、心に合うことと心に染まぬこととを〔知らせる〕。事実、言語がなかったならば、正義も不正も知らされない。真実も虚偽も、善も不善も、心に合うことも心に染まぬことも〔知らされることはない〕。言語こそこの一切を知らせるのだ。言語を尊崇せよ」と。

〔二〕サ「言語がブラフマンであると尊崇する者は、言語のおよぶかぎりでは、そこで欲するままに歩きまわることができよう」と。

ナ「尊師よ、言語よりさらに勝れたものがありますか」と。

サ「実に、言語より勝れたものがある」と。

ナ「尊師はそれをわたくしに話していただきたい」と。

第三節

〔一〕サ「意は実に言語より勝れている。一つの手が二個のアーマラ果を、あるいは二個のコーラ果を、あるいは二個のアクシャ果を摑みうるように、そのように意は言語と名称の二者を把握する。人が心の中で「聖句を学びたい」と思えば、彼はそれを学ぶ。「祭式を執行したい」と思えば、彼はそれを実行する。「息子たちや家畜たちを望みたい」と思えば、彼はそれを欲する。「この世界とあの世界とを得たい」と思えば、彼はそれを得ようとする。何故ならば、意はアートマンであるからである。意は世界であるからである。意はブラフマンであるからだ。意は尊崇せよ」と。

〔二〕サ「意はブラフマンであると尊崇する者は、意のとどくかぎりでは、そこで欲するままに歩きまわることができる」と。

ナ「尊師よ、意よりもさらに勝れたものがありますか」と。

サ「実に、意よりもさらに勝れたものがある」と。

ナ「尊師はそれをわたくしに教えていただきたい」と。

第四節

〔一〕　サ「思慮は実に意より勝れている。事実、人が思慮するとき、彼は思い、そして言語を発し、しかもそれを発するのは名称の中においてである。諸聖句は名称の中において、諸々の祭式は諸聖句の中において、合一する。

〔二〕　これらのものは、思慮（saṁkalpa）の中に合一点をもち、思慮を本質とし、思慮を拠りどころとしている。天と地は成立し（samakalpetām）、風と虚空とは成立した(32)。水と熱も成立した。これらの成立によって雨が成立する。雨の成立によって、食物が成立する。食物の成立によって、気息が成立する。気息の成立によって、諸々の聖句が成立する。諸々の聖句の成立によって、諸々の祭式が成立する。諸々の祭式の成立によって、世界が成立する。世界の成立によって、万物が成立する。これがすなわち思慮である。思慮を尊崇せよ」と。

〔三〕　サ「思慮がブラフマンであると尊崇する者は、実に意図した世界を達成し、堅固な者となって堅固な世界を、拠りどころをもつ者となって拠りどころとする世界を、動揺しない者となって動揺しない世界を達成する。思惟の届くかぎり、そこで彼は欲するままに歩きまわる者となる」と。

ナ「尊師よ、思慮よりもさらに勝れたものがありますか」と。

サ「実に思慮よりも勝れたものがある」と。

ナ「尊師はそれをわたくしに話していただきたい」と。

第五節

〔一〕サ「理解は実に思慮より勝れている。事実、人が理解するとき、彼は思慮しているのであり、彼は思うているのだ。また、彼は言語を発し、しかも名称の中において、それを発する。諸聖句は名称の中において、諸々の祭式は諸聖句の中において、合一する。

〔二〕これらのものは理解の中に合一点をもち、理解を本質とし、理解を拠りどころとしている。従って、多くを知っている場合でも無理解になるのであり、人々は「これはそうではない」と言い、また「この人が実際に知っており、あるいは知るべきであるならば、このように無理解である筈はない」とも言うのである。

また、知識は乏しくても、理解ある人もいる。人々は彼の言に耳を傾ける。理解は実にそれら（名称・言語など）のものの合一点であり、また本質であり、また拠りどころであるからである。理解を尊崇せよ」と。

〔三〕サ「理解がブラフマンであると尊崇する者は、実に理解された世界を達成し、堅固な者となって堅固な世界を、拠りどころを持つ者となって拠りどころを持つ世界を達成する。理解の届くかぎり、そこで彼は欲するままに歩きまわる者となる」と。

ナ「尊師よ、理解よりもさらに勝れたものがありますか」と。
サ「実に理解よりも勝れたものがある」と。
ナ「尊師はそれをわたくしに話していただきたい」と。

第六節

〔一〕 サ「熟慮は実に理解より勝れている。大地は熟慮しているかのようであり、中空は熟慮しているかのようである。天も、水も、山々も、神と人間も、熟慮しているかのようである。従って、この世において人間の中で声望をかちえる人々は、熟慮の贈与の分け前にあずかるかのようである。
一方では小人物が争いをこととし、悪事を重ね、他人を誹謗しており、他方では大人物は熟慮の贈与の分け前にあずかっているかのようである。熟慮を尊崇せよ」と。
〔二〕 サ「熟慮がブラフマンであると熟慮する者は、熟慮の届くかぎり、そこで欲するままに歩きまわる者となる」と。
ナ「尊師よ、熟慮よりもさらに勝れたものがありますか」と。
サ「実に熟慮よりも勝れたものがある」と。
ナ「尊師はそれをわたくしに話していただきたい」と。

第七節

〔一〕　サ「認識は実に熟慮より勝れている。人は認識によって『リグ＝ヴェーダ』を認識するのであり、『ヤジュル＝ヴェーダ』を、『サーマ＝ヴェーダ』を、第四の『アタルヴァ＝ヴェーダ』を、第五のヴェーダである神話・古譚を、諸ヴェーダのヴェーダを、祖霊祭を、算数の術を、占卜術を、年代論を、討論術を、処世論を、神に関する知識を、ブラフマンに関する知識を、悪魔に関する知識を、戦争に関する知識を、星宿に関する知識を、蛇および鬼霊に関する知識を、天と大地とを、風と虚空とを、水と熱とを、神々と人間たちを、家畜と鳥禽とを、草木の類を、野獣どもを、昆虫・蝶・蟻に至るまでを、正義と不正とを、真実と虚偽とを、善と不善とを、心に合うことと心に染まぬこととを、食物と汁液とを、この世界とあの世界とを、人は認識によってこそ認識するのである。認識を尊崇せよ」と。

〔二〕　サ「認識がブラフマンであると尊崇する者は、実に認識のあり知識に溢れた諸世界を達成する。認識がブラフマンであると尊崇する者は、認識の届くかぎり、そこで欲するままに歩きまわる者となる」と。

ナ「尊師よ、認識よりもさらに勝れたものがありますか」と。

サ「実に認識よりも勝れたものがある」と。
ナ「尊師はそれをわたくしに話していただきたい」と。

第八節

〔一〕サ「力は実に認識より勝れている。認識をもつ者が百人いても、ただ一人の力ある者はかれらを震憾させる。人が力をもつ者となるとき、彼は活動家となる。活動的になるとき、彼は奔走する人となる。奔走する人となって、彼は奉仕者となる。奉仕者となって、彼は視る者となり、聴く者となり、考える者となり、覚る者となり、行う者となり、認識する者となる。実に大地は力によって存立する。力によって中空も、天も、山々も、神々と人間も存立する。力によって、家畜と鳥禽も、草木の類も、猛獣どもも、昆虫・蝶・蟻に至るまでも存立する。力によって、世界が存立する。力を尊崇せよ」と。
〔二〕サ「力がブラフマンであると尊崇する者は、力の及ぶかぎりでは、そこで自由に行動する」と。
ナ「尊師よ、力よりもさらに勝れたものがありますか」と。
サ「実に力よりも勝れたものがある」と。
ナ「尊師はそれをわたくしに話していただきたい」と。

第九節

〔一〕サ「食物は実に力より勝れている。従って、人間が十夜のあいだ絶食をして、なお生きていても、彼は最早視《み》ることも、聴くことも、考えることも、覚ることも、仕事をすることも、認識することもできない。これに反し、人は食物を摂取して、視ることができ、聴くことができ、考えることができ、覚ることができ、仕事をすることができ、認識することができる。食物を尊崇せよ」と。

〔二〕サ「食物がブラフマンであると尊崇する者は、実に飲食物の豊富な世界を達成する。食物がブラフマンであると尊崇する者は、食物の及ぶかぎりで、彼は自由に行動する」と。

ナ「尊師よ、食物よりもさらに勝れたものがありますか」と。

サ「実に食物よりも勝れたものがある」と。

ナ「尊師はそれをわたくしに話していただきたい」と。

第十節

〔一〕サ「水は実に食物より勝れている。従って、雨がゆたかに降らないときには、「食物が欠乏するであろう」と、気息がつまるのだ。しかし、雨がゆたかに降るときには、

「食物は多くなるであろう」と、気息は躍動する。この大地はまことこの凝固した水であり、中空も、天も、山々も、神々と人間も、家畜と鳥禽も、草木の類も、猛獣どもも、昆虫・蝶・蟻に至るまでもそうであって、まさに凝固した水である。水を尊崇せよ」と。

〔二〕 サ「水がブラフマンであると尊崇する者は、一切の欲望を達成し、満足するに至る。水がブラフマンであると尊崇する者は、水のおよぶかぎり、そこで自由に行動する」と。

ナ「尊師よ、水よりもさらに勝れたものがありますか」と。

サ「実に水よりも勝れたものがある」と。

ナ「尊師はそれをわたくしに話していただきたい」と。

第十一節

〔一〕 サ「熱は実に水より勝れている。従って、それは風をとめて、虚空を熱する。その故に、人々は「暑い」、「焼けつくようだ」、「雨が降るだろう」と言う。熱こそ最初にそれ（暑さ）を示して、そののちに水を作りだすのである。すなわち、それは上方と横に閃く稲妻とともに、激しい大音声をとどろかせる。従って、人々は「稲妻が閃く」、「雷が鳴る」、「雨が降るだろう」と言う。熱こそそれ（稲妻と雷）を最初に示して、そののちに水を作りだすのだ。熱を尊崇せよ」と。

〔二〕サ「熱がブラフマンであると尊敬する者は、熱によって輝き、熱の充満して輝かしく、しかも闇黒を駆逐した諸世界に到達する。熱がブラフマンであると尊崇する者は、熱のおよぶかぎり、そこで自由に行動する」と。

ナ「尊師よ、熱よりもさらに勝れたものがありますか」と。

サ「実に熱よりも勝れたものがある」と。

ナ「尊師はそれをわたくしに話していただきたい」と。

第十二節

〔一〕サ「虚空は実に熱より勝れている。実に、太陽と月の両者、稲妻、星辰、火は虚空の中にある。人は虚空を通して呼び、虚空を通して聞き、虚空を通して答える。人が満足するのは虚空の中においてであり、人が満足しないのも虚空の中においてである。虚空の中で人は生まれ、虚空は生誕の場処であると主張する。虚空を尊崇せよ」と。

〔二〕サ「虚空がブラフマンであると尊崇する者は、広々として明るく、際限がなく、闊歩しうる諸世界に到達する。虚空の及ぶかぎり、虚空がブラフマンであると尊崇する者は、そこで自由な行動をする」と。

ナ「尊師よ、虚空よりもさらに勝れたものがありますか」と。

サ「実に虚空よりも勝れたものがある」と。
ナ「尊師はそれをわたくしに話していただきたい」と。

第十三節

〔一〕サ「記憶は実に虚空より勝れている。従って、たとい多くの者が坐っていても、かれらに記憶がないならば、かれらの誰も聞くことなく、考えることなく、また認識することはないであろう。しかし、かれらが実に記憶しているならば、かれらは聞くであろうし、考えるであろうし、また認識するであろう。記憶によって、実に、人は息子たちを識別し、家畜どもも記憶によって識別されるのである。

〔二〕サ「記憶がブラフマンであると尊崇する者は、記憶を尊崇せよ」と。記憶のおよぶかぎり、そこで自由な行動をする」と。

ナ「尊師よ、記憶よりさらに勝れたものがありますか」と。
サ「実に記憶よりも勝れたものがある」と。
ナ「尊師はそれをわたくしに話していただきたい」と。

第十四節

〔一〕サ「期待は実に記憶より勝れている。期待によって点火されて、記憶は諸々の聖句を唱え、祭式を実行し、息子たちと家畜どもを欲する。また、この世界とあの世界を希求する。期待を尊崇せよ」と。

〔二〕サ「期待がブラフマンであると尊崇する者にとって、一切の欲望は期待とともに達成される。そして、彼の願望は挫折することはない。期待がブラフマンであると尊崇する者は、期待のおよぶかぎり、そこで自由な行動をする」と。

ナ「尊師よ、期待よりさらに勝れたものがありますか」と。

サ「実に期待よりも勝れたものがある」と。

ナ「尊師はそれをわたくしに話していただきたい」と。

第十五節

〔一〕サ「生気は実に期待より勝れている。あたかも車の輻《や》が轂《こしき》に固定されているように、まさしくこの生気に一切は嵌《は》めこまれている。生気は呼吸によって動き、呼吸は生気を与え、生気に呼吸を与える。生気は父であり、生気は母であり、生気は兄弟であり、生気は姉妹である。生気は師匠であり、生気は婆羅門《バラモン》である。

〔二〕もし誰かが父に、あるいは母に、あるいは兄弟に、あるいは姉妹に、あるいは師匠に、あるいは婆羅門に、なにか無遠慮なようなことを言うならば、これらの人は彼に「恥を知れ。おまえは実に父殺しだ」とか、「おまえは実に母殺しだ」「おまえは実に兄弟殺しだ」「おまえは実に姉妹殺しだ」「おまえは実に師匠殺しだ」「おまえは実に婆羅門殺しだ」とか、言うであろう。

〔三〕しかし、これらの人が生気《いき》をひきとったときには、〔その死体〕を尖った棒で〔つついて〕完全に燃やしても、人は誰も彼に「おまえは父殺しだ」とは言わない。「おまえは母殺しだ」とも、「おまえは兄弟殺しだ」とも、「おまえは姉妹殺しだ」とも、「おまえは師匠殺しだ」とも、「おまえは婆羅門殺しだ」とも、言わない。

〔四〕何故ならば、生気こそこれら一切のものであるからである。このように観察し、このように思考し、このように認識する者は、雄弁な人となる。もし人々が彼に「あなたは雄弁な方ですか」と言うならば、「わたしは雄弁である」と言うべきである。それを否定すべきではない」。

第十六節

〔一〕 サ「しかし、真実でもって雄弁に語る者が実に討論に勝利をうるのだ」と。
ナ「尊師よ、わたくしは真実でもって雄弁に語りましょう」と。
サ「しかし、真実こそ認識しようとされるべきである」と。
ナ「尊師よ、わたくしは真実を認識したいと思います」と。

第十七節

〔一〕 サ「実に人が認識するとき、彼は真実を語るのだ。認識することなく真実を語るということはない。認識してこそ、人は真実を語るのだ。しかし、認識こそ認識しようとされるべきである」と。
ナ「尊師よ、わたくしは認識を認識したいと思います」と。

第十八節

〔一〕 サ「実に人が思考するとき、彼は認識する。思考することなく認識することはない。思考してこそ、人は認識するのである。しかし、思考こそ認識しようとされるべきである」と。
ナ「尊師よ、わたくしは思考を認識したいと思います」と。

第十九節

〔一〕サ「実に人が信ずるとき、彼は思考する。信ずることなく思考するということは、ありえないのだ。信じてこそ、人は思考するのである。しかし、信こそ認識しようとされるべきである」と。
ナ「尊師よ、わたくしは信を認識したいと思います」と。

第二十節

〔一〕サ「実に人が物事を完遂するとき、彼は信ずる。物事を完遂しないで信ずるということは、ありえないのだ。物事を完遂してこそ、人は信ずるのである。しかし、物事の完遂こそ認識しようとされるべきである」と。
ナ「尊師よ、わたくしは物事の完遂を認識したいと思います」と。

第二十一節

〔一〕サ「実に人は行動するとき、物事を完遂する。行動することなく物事を完遂するということはない。行動してこそ、人は物事を完遂するのである。しかし、行動こそ認識しようとされるべきである」と。

ナ「尊師よ、わたくしは行動を認識したいと思います」と。

第二十二節

〔一〕サ「実に人は幸福を得るとき、彼は行動する。幸福なくして行動することはない。幸福を得てこそ、人は行動するのである。しかし、幸福こそ認識しようとされるべきである」と。

ナ「尊師よ、わたくしは幸福を認識したいと思います」と。

第二十三節

〔一〕サ「その幸福とは実に豊富ということである。欠乏の場合に、幸福はない。豊富こそ幸福なのである。しかし、豊富こそ認識しようとされるべきである」と。

ナ「尊師よ、わたくしは豊富を認識したいと思います」と。

第二十四節

〔一〕サ「人が他のものを見ず、他のものを聴かず、他のものを認識しない場合、それが豊富である。そして、人が他のものを見、他のものを聴き、他のものを認識する場合、それが欠乏である。実に豊富とは不死のものであり、そして欠乏とは死すべきものである」と。

ナ「尊師よ、その豊富は何を拠りどころとしていますか」と。

サ「自己の偉大さを拠りどころとしている場合もあれば、自己の偉大さに拠らない場合もある」

〔二〕サ「この世において、牛と馬とを偉大さと呼ぶ。また、象・黄金・奴婢・土地・邸宅をそのように呼ぶ。しかし、余はそのようには言わない」と、彼（サナットクマーラ）は言った。

サ「なぜならば、あるものは他のあるものを拠りどころとしているからである」と。

第二十五節

〔一〕 サ「かの豊富は下方にあり、それは上方にあり、それは後方にあり、それは前方にあり、それは右側にあり、それは左側にある。それはこの一切であるということである。

そこで、いまから、自我意識に関して教えよう。〔すなわち、自我意識に関していえば〕われは下方にあり、われは上方にあり、われは後方にあり、われは前方にあり、われは右側にあり、われは左側にある。われはまさにこの一切であるということである」と。

〔二〕 サ「そこで、いまから、アートマンに関して教えよう。アートマンは下方にあり、アートマンは上方にあり、アートマンは後方にあり、アートマンは前方にあり、アートマンは右側にあり、アートマンは左側にある。アートマンこそこの一切であるということである。実にこのように観察し、このように思考し、このように認識する者は、アートマンに歓びを見出し、アートマンと戯むれ、アートマンと交合し、アートマンから歓楽を享けるのだ。彼は独裁者となり、あらゆる世界において自由な行動をする。しかし、これと異なった見解をもつ輩《やから》は、他の人に支配され、破壊されるべき諸世界に住む者となる。これらの輩は、一切の世界において、行動の自由をえない」。

第二十六節

〔一〕 サ「このように観察し、このように思考し、このように認識する人のアートマンから生気が生ずる。そのアートマンから期待が、アートマンから記憶が、アートマンから虚空が、アートマンから熱が、アートマンから水が、アートマンから顕現と消滅の二者が、アートマンから食物が、アートマンから力が、アートマンから認識が、アートマンから熱慮が、アートマンから理解が、アートマンから思慮が、アートマンから意が、アートマンから言語が、アートマンから名称が、アートマンから諸聖句が、アートマンから諸祭式が、アートマンからこそこの一切が生ずるのである」。

〔二〕 この点に関して、詩頌がある。

真に見る者は死を見ず、
病を見ず、また苦境も見ることなし。
真に見る者は一切を見る。
彼はあらゆる処において、一切を得る、と。

彼は単一のものとなり、三重のものとなる。さらに、また、五重・七重・九重のものとなる。

さらに、彼は十一と思われ、
百と十と一と思われ、
さらに二万と思われる。

清浄な存在は清浄な食物の中に存し、清浄な存在の中に確固たる記憶がある。記憶を獲得するときに、一切の節は解ける。不浄を拭い去った後（ナーラダ）に、世に尊きサナット＝クマーラは闇黒の彼岸を指示する。人は彼をスカンダと呼ぶ。人は彼をスカンダと呼ぶ。

第八章

第一節

〔一〕「さて、このブラフマンの都城（「身体」の比喩的表現）の中に、小さな白蓮華の家屋（「心臓」の比喩的表現）があり、その中に小さな空間がある。その中に存在するものこそ人の探究すべきものであり、実に認識しようとされるべきものである」。

〔二〕彼に〔人々は〕問うであろう。

「このブラフマンの都城の中に、小さな白蓮華の家屋があり、その中に小さな空間がある〔と言われる〕。その中に存在して、人が探究すべきであり、また実に認識しようとされるべきものとは、一体何なのですか」と。

〔三〕 彼は〔次のように〕答えよう。

「この心臓の内部にある空間の広さは、この虚空の広さと同じである。この虚空の中に、天と地の両者は包含されている。火と風の二者も、太陽と月の二者も、稲妻と星宿も、包含されている。人がこの世において所有するものも、また所有しないものも、すべてその中に包含されているのだ」と。

〔四〕 彼に人々は問うであろう。

「このブラフマンの都城の中に、一切が包含され、また一切の存在と一切の欲望が包含されているとすれば、老齢がそれに到達したとき、あるいはそれが破壊されるとき、一体何がのこるのですか」と。

〔五〕 彼はこう答えよう。

「それ（ブラフマン）は老衰によって老衰することなく、殺戮《さつりく》によって殺されることはない。これは真正なブラフマンの都城であり、その中に諸々の欲望が包含されている。それは、悪を絶滅して不老不死であり、憂苦を離れ、飢渇を感ずることなく、真正な欲望と真正な思慮をもつ、アートマンである。まさに、この世において、生類がその命令に従って行動し、国土であれ、耕地の一部分であれ、かれらが欲望の対象としているものに依存しているように、

〔六〕また、この世において、祭式によって贏《かち》えた世界が滅びるように、まさにあの世において福徳によって贏えた世界は滅びる。従って、この世においてアートマンとこれらの真正な諸欲望を知ることなく、〔あの世に〕赴《おもむ》く輩は、一切の世界において行動の自由を享受しえない。そして、この世においてアートマンとこれらの真正な諸欲望を知って、〔あの世に〕赴く輩は、一切の世界において行動の自由を享受するのだ」。

第二節

〔一〕「彼[33]がもし父の世界を欲するならば、思慮するだけで、父たちが彼の眼前に現われる。彼はこの父の世界を得て、祝福された者となる。

〔二〕また、もし彼が母の世界を欲するならば、思慮するだけで、母たちが死の眼前に現われる。彼はこの母の世界を得て、祝福された者となる。

〔三〕また、もし彼が兄弟の世界[34]を欲するならば、思慮するだけで、兄弟たちが彼の眼前に現われる。彼はこの兄弟の世界を得て、祝福された者となる。

〔四〕また、もし彼が姉妹の世界を欲するならば、思慮するだけで、姉妹たちが彼の眼前に現われる。彼はこの姉妹の世界を得て、祝福された者となる。

〔五〕また、もし彼が友人の世界を欲するならば、思慮するだけで、友人たちが彼の眼前に現われる。彼はこの友人の世界を得て、祝福された者となる。

〔六〕また、もし彼が薫香《くんこう》と華鬘《けまん》の世界を欲するならば、思慮するだけで、薫香と華鬘が彼の眼前に現われる。彼はこの薫香と華鬘の世界を得て、祝福された者となる。

〔七〕また、もし彼が食物と飲料の世界を欲するならば、思慮するだけで、食物と飲料が彼の眼前に現われる。彼はこの食物と飲料の世界を得て、祝福された者となる。

〔八〕また、もし彼が歌と音曲の世界を欲するならば、思慮するだけで、歌と音曲が彼の眼前にあらわれる。彼はこの歌と音曲の世界を得て、祝福された者となる。

〔九〕また、もし彼が女の世界を欲するならば、思慮するだけで、女たちが彼の眼前に現われる。彼はこの女の世界を得て、祝福された者となる。

〔一〇〕如何《いか》なるものであれ彼が欲望の対象とし、彼が欲しているものは、彼が思慮しただけで彼の眼前に現われる。彼はそれを得て、祝福された者となる。

第三節

〔一〕 これらの真正な諸欲望は虚偽によって覆われている。これらは真正なものではあるが、虚偽によって覆われているのである。何故ならば、一族の者が死ぬとき、その者をこの世で再び見ることをえないからである。

〔二〕 しかし、一族の者で生きている者も、死んでいる者も、また望んで得られなかった物も、すべてそこ（心臓内の空間）に行けば見出される。何故ならば、これらの真正な諸欲望は虚偽に覆われながらも、そこに存在するからである。あたかも土地に不案内な人々は埋蔵された黄金の上をたびたび往復しても、それを見出しえないように、まさしくこれらすべての生類は、毎日毎日〔睡眠時に〕そこに行きながらも、このブラフマンの世界を見出すことはない。何故ならば、虚偽で覆われているからである。

〔三〕 かのアートマンは心臓の中にある。その故にこそ、次の語源論がある。「これは心臓の中にある（hrdy ayam）」とて、従って心臓（hrdayam 中性名詞）といわれる。このように知る者は、実に、毎日毎日、天の世界に赴く。

〔四〕 この肉身から外に出て、最高の光明に合一したのち、自己の姿で出現する、かの完全な心の平静、それがアートマンである」

と、彼は言った。
「これは不死であり無畏《むい》である。それはブラフマンである」と。
このブラフマンの名をサッティヤム（sattiyam）という。(35)
〔五〕サッティヤムとは実に三つの音綴から成っている。すなわち、サット（sat）とは不死なものであり、ティ（ti）とは死すべきものであり、そしてヤム（yam）とは、それによって両者（不死のものと死すべきもの）が支えられる。それによって両者を支える(yacchati)(36)が故に、ヤムといわれる。このように知る者は、実に、毎日毎日、天の世界に赴く。

第四節

〔一〕さて、アートマンは、これらの諸世界が混り合わないように防ぐ隔壁であり、境界線である。この隔壁を昼も夜も越えることはない。老も、死も、憂苦も、善い行為のみならず悪い行為も、それを越えることはない。
〔二〕一切の邪悪は、そこから引き返す。何故ならば、かのブラフマンの世界はあらゆる悪を絶滅しているからである。従って、この隔壁を越えるとき、盲目の者は盲目でなくなり、負傷した者は傷が癒え、病人は病人でなくなる。

従って、また、この隔壁を越えるとき、夜は昼と成る。かのブラフマンの世界は一瞬にして明るくなるからである。

〔三〕このブラフマンの世界を梵行《ぼんぎょう》によって見出す人々にのみ、このブラフマンの世界があり、これらの人々は一切の世界において行動の自由を得る。

第五節

〔一〕さて、供犠（yajña）と呼ばれるものは、梵行にほかならない。何故ならば、そのことを知る人（yo jñātā）こそ、梵行によってこそそれを見出すからである。

次に、供物（iṣṭa）と呼ばれるものは、梵行にほかならない。何故ならば、彼はそれを梵行によってのみ心から欲して（iṣṭvā）、アートマンを見出すからである。

〔二〕次に、サットラーヤナ（Sattrāyaṇa）と呼ばれる祭式は、梵行にほかならない。何故なれば、彼は梵行によってのみ現実の（sat）アートマンの救済（trāṇa）を見出すからである。

次に、沈黙（mauna）と呼ばれるものは、梵行にほかならない。何故ならば、彼は梵行によってのみアートマンを見出して、思考する（manute）からである。

〔三〕次に、断食（anāśakāyana）と呼ばれるものは、梵行にほかならない。何故ならば、梵行によって見出されたアートマンは消滅しない（na naśyati）からである。

次に、森への隠棲（araṇyāyana）と呼ばれるものは、梵行にほかならない。実に、アラ（Ara）とヌヤ（Ṇya）とは、この世界から第三の天にあるブラフマン（人格神としてのブラフマン）の世界にある二つの大海である。アイランマディーヤ池、ソーマ＝サヴァナ（「ソーマ酒をしぼる」の意）というアシュヴァッタ樹、アパラージター（「征服せられない」の意）というブラフマンの都城、黄金造りの主君（主宰者としてのブラフマン）の宮殿も、そこにある。

〔四〕その故にこそ、ブラフマンの世界にあるアラとヌヤの二つの大海を、梵行によって見出す人々にのみ、このブラフマンの世界があり、これらの人々は一切の世界において行動の自由を得る。

第六節

〔一〕さて、心臓には褐色の微細な脈管がある。白色のもの、青色のもの、黄色のもの、赤色のものなどがある。この太陽も褐色であり、白色であり、青色であり、黄色であり、また赤色である。

〔二〕あたかも二つの村の間に連なる長い大道が、この村とあの村とに通ずるように、まさしく太陽の光線はこの世界とあの世界の両界に達する。これらの脈管に滑りこんでいる光線は、あの太陽から拡がったのであり、あの太陽に滑りこんだ光線は、これらの脈管から拡がったのである。

〔三〕 人が眠りこんで、完全に心の平静を得て、夢を見ない場合、そのとき彼は脈管の中に滑りこんでいるのである。如何なる邪悪も彼に触れることなく、彼は実に熱と合一している。

〔四〕 人が無力の状態に引きこまれると、周囲にいる人々は「わたしが判るか」、「わたしが判るか」と言う。彼がこの肉身から出ていかないかぎり、彼にはかれらが判るのである。

〔五〕 しかし、彼がこの肉身から出ていく場合、彼はこれらの光線とともに上昇する。彼は『オーム』と言う。あるいは〔一言も発しないまま〕上に連れ去られる。意が消滅する間に、彼は太陽に達する。それは実に〔ブラフマンの〕世界の門であり、知者たちの入口であると同時に、無知なる人々の入るのを拒む門扉である。

〔六〕 このことについて、詩頌がある。

心臓には、百と一の脈管があり、
それらの一つは頭から出ている。
それを通って上昇し、不死に赴く。

他の脈管はあらゆる方向に出口がある。

第七節

〔一〕「あらゆる悪を絶滅し、不老不死であり、憂苦を離れ、飢渇を感ずることなく、真正な欲望と真正な思慮をもつアートマンを、人は探求すべきであり、認識しようとすべきである。このアートマンを見出して認識する者は、一切の世界を得て、すべての欲望を満足させるのだ」

と、プラジャー＝パティは言った。

〔二〕その言葉を神々と悪魔どもの両者が聞き知って、こう語った。

「おお、それでは、われわれもこのアートマンを索《もと》めよう。このアートマンを発見して、一切の世界を得て、すべての欲望を満足させよう」と。神々の中ではインドラ神が、悪魔どもの中ではヴィローチャナが、〔選ばれて〕彼（プラジャー＝パティ）の許へ出かけた。インドラ神とヴィローチャナの両者は、互に相談することなく、薪を手にして、プラジャー＝パティの許へ赴いた。

〔三〕両者は三十二年のあいだブラフマンに関する修業をした。プラジャー＝パティがかれら両者に言った。

「何を望んで、おまえら両人は修業しているのか」と。

両名の者が言った。

「「あらゆる悪を絶滅し、不老不死であり、憂苦を離れ、飢渇を感ずることなく、真正な欲望と真正な思慮をもつアートマンを、人は探求すべきであり、認識しようとすべきである。このアートマンを見出して認識する者は、一切の世界を得て、すべての欲望を満足させる」という尊師の言葉が拡がっています。それを索めて、われら両名はここに留っています」と。
〔四〕 プラジャー=パティが両人に語った。
「眼の中に見られるプルシャ、それがアートマンである」

と言った。〔彼はさらに言葉を続けて〕

「それは不死であり、無畏である。それはブラフマンである」と。

「では、尊師よ、水に映り、また鏡の中に見られるプルシャ、それは如何なるものですか」と。

「それはあらゆる場処に見られる」

と言った。

第八節

〔一〕プ「水を満たした水盤に映る自身を視て、おまえたちが自身に関して識別しえないものがあるなら、それをわたしに言え」と。

そこで、二人（インドラとヴィローチャナ）は水を満たした水盤の中を見た。プラジャー＝パティが両名に

プ「何が見えるか」

と訊ねた。二人は言った。

「尊師よ、わたくしどもの全身が、毛髪や爪に至るまで、そのまま映っているのが見えます」と。

〔二〕かれら両名にプラジャー＝パティが言った。

プ「今度は、綺麗な飾りをつけ美しい衣服を着て、よく身なりを整えて、水を満たした水盤の中を見よ」と。

そこで、かれら両名は綺麗な飾りをつけ美しい衣服を着て、水を満たした水盤の中を見た。かれら両名にプラジャー＝パティが

プ「何が見えるか」

と訊ねた。

〔三〕両名は答えた。

「尊師よ、いまわたくしども自身が綺麗な飾りをつけ美しい衣服を着て、よく身なりを整えていますのと全く同じように、尊師よ、水に映った二つの姿は綺麗な飾りをつけ美しい衣服を着て、よく身なりを整えております」と。

プ「それがアートマンである。それは不死で、無畏である。それはブラフマンである」と、彼は言った。〔インドラとヴィローチャナの〕両名は、心から満足して、〔プラジャー＝パティの許を〕立去った。

〔四〕かれら両名〔の立去るの〕を見て、プラジャー＝パティが言った。

プ「かれらはアートマンを理解せず、見出すこともできずに立去った。神々にせよ、悪魔どもにせよ、このようなことを秘義として信ずる輩は、かならず滅びよう」と。

ところで、ヴィローチャナは心から満足して、悪魔どもの許へ帰ってゆき、かれらにこの秘義を語った。

「この世においては、アートマンをこそ悦ばすべきであり、アートマンにわれわれは奉仕すべきである。この世においては、アートマンを悦ばし、アートマンに奉仕してこそ、この世界とあの世界の両者を得るのだ」と。

〔五〕従って、今日でも、この世で施しもせず信仰心もなく祭祀を行わない者に対し、「チェッ、悪魔め」と、人々は言うのである。何故ならば、これは悪魔どもの秘義であるからである。この秘義を奉ずる者は死者の肉身を凝乳・衣服・装飾品で飾る。これによって死者はあの世界を贏《かちえ》る、と考えるからである。

第九節

〔一〕さて、インドラは神々の許に到達するまえに、このような危惧を抱いた。「実にこの肉身が綺麗な飾りをつけ、美しい衣服を着て、よく身なりを整えていると、〔鏡の中のアートマンも〕綺麗な飾りをつけ、美しい衣服を着て、よく身なりを整えているように、まさにわれわれの肉身が盲目であったり、足萎えであったり、唖であったりすれば、〔鏡の中のアートマンも〕盲目であったり、足萎えであったり、唖であったりしよう。この肉身が消えてなくなれば、それも消えてなくなろう。この点、わたしには納得がいかない」と。

〔二〕彼は薪を手にして、再びプラジャー＝パティの許に赴いた。彼にプラジャー＝パティが言った。

「マガヴァン（インドラの呼び名）よ、おまえはヴィローチャナと一緒に、心から満足して、ここを立去った。何を望んで再び来たのか」と。

彼は言った。

「実にこの肉身が綺麗な飾りをつけ、美しい衣服を着て、よく身なりを整えておりますと、鏡の中のアートマンも綺麗な飾りをつけ、美しい衣服を着て、よく身なりを整えておりますが、それと同じように、われわれの肉身が盲目であったり、足萎えであったり、唖であったりしますれば、鏡の中のアートマンも盲目であったり、足萎えであったり、唖であったりします。この肉身が消えてなくなれば、それも消えてなくなります。この点、わたくしには納得がいかないのであります」と。

〔三〕プラジャー＝パティが言った。

「まさに、その通りだ。マガヴァンよ。その点について、おまえに、さらに説明をしてあげよう。なお、あと三十二年の間、ここに留まるがよい」と。

彼はなお三十二年の間そこに留っ〔て修業を重ね〕た。彼にプラジャー＝パティが言った。

第十節

〔一〕プ「夢の中で祝福された者のように歩きまわる者、それがアートマンである。それは不死であり、無畏である。それはブラフマンである」

と語った。彼は心から満足して、プラジャー＝パティの許から立去った。彼は神々の許に到達するまえに、このような危惧を抱いた。

「たといこの肉身が盲目となっても、それ（夢の中に出現するアートマン）は盲目にはならない。足萎えとなっても、それは足萎えではない。肉身の欠陥によっても、それは損われない。

〔二〕肉身が殺されても、それは殺されないし、肉身の不具のために、それが不具になることはない。しかし、夢が打毀《うちこわ》されたり窮地に追いこまれたりするような場合には、それは不快を感ずるかのようであり、また泣くかのようだ。この点、わたしには納得がいかない」と。

〔三〕彼は薪を手にして、再びプラジャー＝パティの許に赴いた。彼にプラジャー＝パティが言った。

「マガヴァンよ、おまえは心から満足して、ここを立去った。何を望んで再び来たのか」と。

彼は言った。

「尊師よ、たといこの肉身が盲目となっても、それ（夢の中に出現するアートマン）は盲目になりません、また、足萎えとなっても、それは足萎えにはなりません。肉身の欠陥によって、それは損われません。

〔四〕 肉身が殺されても、それは殺されません。肉身の不具の故に、それが不具になることもありません。しかし、夢が打毀されたり窮地に追いこまれたりするような場合には、それは不快を感ずるかのようでありますし、また泣くかのようであります。この点、わたくしには納得がいきません」と。

プ「マガヴァンよ、まさに、その通りだ。その点について、おまえに、さらに説明をしてあげよう。なお、あと三十二年の間、ここに留まるがよい」

と、プラジャー＝パティが言った。彼はなお三十二年の間そこに留って修業を重ねた。彼にプラジャー＝パティが言った。

第十一節

〔一〕 プ「人が眠りこんで自己に没入し、完全な心の平静をえて、夢を見ない場合、それがアートマンである。それは不死であり、無畏である。それはブラフマンである」

と、プラジャー＝パティが語った。インドラは心から満足して、そこを立去った。彼は神々の許に達するまえに、このような危惧を抱いた。

「実にこの熟睡している人は、このように、丁度そのときには「この〔睡っている〕人は自分である」と、自身を認識することはない。まして、一切の存在を認識などしていない。彼はまさに消滅してしまっている。この点、わたしには納得がいかない」と。

〔二〕彼は薪を手にして、再びプラジャー＝パティの許に赴いた。彼にプラジャー＝パティが言った。

「マガヴァンよ、おまえは心から満足して、ここを立去った。何を望んで再び来たのか」と。

彼は言った。

「尊師よ、実にこの人は、このように、丁度そのときには「この〔睡っている〕人は自分である」と、自身を認識しません。まして、一切の存在を認識などしていません。彼はまさに消滅してしまっています。この点、わたくしには納得がいきません」と。

〔三〕プラジャー＝パティが語った。

「マガヴァンよ、まさに、その通りだ。その点について、おまえに、さらに説明をしてあげよう。ただし、次の条件を容れるのでなければ、駄目だ。なお、あと五年の間、ここに留まるのだ」と。

彼はなお五年の間そこに留っ〔て修業し〕た。〔こうして、初めからでは修業は〕百一年に及んだ。従って、人々は「マガヴァンは実に百一年の間、プラジャー＝パティの許で、ブラフマンに関する修業をした」と言うのである。彼にプラジャー＝パティが言った。

第十二節

〔一〕プ「マガヴァンよ、この肉身は死すべきものであり、死に捉えられている。しかし、それはこの不死で肉身のないアートマンの住処《すみか》である。肉身を具えた者は実に好悪の二者によって捉えられている。肉身を具えている以上、好悪の二者を絶滅することは不可能である。しかし、肉身のない者には好悪の二者も触れることはない。

〔二〕風は肉身のない者である。雲・稲妻・雷鳴など、これらのものも肉身を持たない。あたかも、これらのものがあの虚空から上昇して、最高の光明に到達し、それぞれの形で出現するように、

〔三〕まさに、その通りに、完全な心の平静はこの肉身から上昇して、最高の光明に達し、自己の姿で出現する。彼は最高のプルシャで、彼はそこで食べ、遊び、女ども・車駕《しゃが》の類あるいは親類の者たちと戯れて歩きまわり、附属物である肉身のことを思いだすことはない。彼はあたかも牛馬が車に繋がれているように、まさしく生気（感官とその機能）はこ

の肉身に繫がれているのだ。

〔四〕 さて、眼が空処（アートマンの住処としての心臓内の空処）に注がれている場合、それが眼のプルシャである。〔感官としての〕眼は見るためだけのものである。次に、「わたしはそれを嗅ごう」と意識する者、それがアートマンである。〔感官としての〕鼻は嗅ぐためだけのものである。また、「わたしはそれを喋ろう」と意識する者、それがアートマンである。〔機能としての〕言語は喋るためにあるにすぎない。また、「自分はそれを聴こう」と意識する者、それがアートマンである。〔感官としての〕耳は聴くためだけにあるものである。

〔五〕 次に、「自分はそのことを考えよう」と意識するもの、それがアートマンである。〔思考機能としての〕意識はアートマンの神的な眼である。この神的な眼である意識によって、それはその欲望の対象を見て、満足する。

〔六〕 ブラフマンの世界にいる人々は、このアートマンを神として尊崇する。従って、かれらは一切の世界と一切の欲望を掌中に収める。このアートマンを見出して認識する者は一切の世界と一切の欲望を達成する」と、プラジャー＝パティが語った。プラジャー＝パティは〔このように〕語ったのである。

第十三節

〔一〕「余は黒いものから斑色のものに逃避し、斑色のものから黒いものに逃避する。馬が〔抜けた鬣《たてがみ》の〕毛を振い落とすように悪を振い落とし、月がラーフ〔月を虧《か》かせる悪魔〕の口から逃れるように、余は肉身を振り払うて、自己を確立した余は、創造されたことのないブラフマンの世界に赴くのだ。赴くのだ。

第十四節

〔一〕虚空とは実に名称と形とを実現させる。その中間にあるもの、それがブラフマンである。それは不死であり、それはアートマンである。余はプラジャー＝パティの集会所である家に入る。余は婆羅門《バラモン》たちの名誉となる。王族たちの名誉・庶民たちの名誉となる。余は名誉に到達した。余は名誉中の名誉である。余は白くして歯のない胚種(37)に到達することなかれ。胚種に到達することなかれ。

第十五節

〔一〕このことをブラフマンがプラジャー＝パティに語り、プラジャー＝パティはマヌ

（人間の始祖）に、マヌが生類に語った。

師匠の家でヴェーダを学び、掟に従って先生のために祭式を行い、家に帰って家長としての生活をおくったのち、清浄な土地で聖典を読誦し、敬虔な弟子たちを養成し、すべての感官をアートマンの中に確立し、神聖な場所（祭式を執行する場所）以外ではすべての存在を損うことのない者は[38]、実に生涯の間、このように生活して、〔死後には〕ブラフマンの世界に達し、二度と再び〔この世に〕帰ることはない。二度と再び〔この世に〕帰ることはない。

ブリハッド＝アーラヌヤカ＝ウパニシャッド（抄）

（第一章）省略

第二章

第一節

〔一〕ドリプタバーラーキはガールグヤ一門の中ではヴェーダ聖典に通暁していた。彼があるときカーシー王アジャータシャトルに
「あなたに、ブラフマンについて、お話しましょう」
と言った。すると、アジャータシャトルが
「その言葉に対し、千頭の牛を贈ろう。そうすれば、人々は「ジャナカ王だ、ジャナカ王(1)だ」と言って、ここに馳せ参じよう」

と言った。

〔二〕そこで、ガールグヤ（ドリプタバーラーキのこと）が言った。

「太陽の中にいるかのプルシャを、わたくしはまさしくブラフマンであると認めています」と。

すると、アジャータシャトルが言った。

「いやいや、そのようなことを論議する必要はない。「彼は君主であり、一切の存在の首領であり王である」と、余は認めているのだ」と。

彼をそのように認める者は君主となり、一切の存在の首領となり王となる。

〔三〕そこで、ガールグヤが言った。

「月の中にいるかのプルシャを、わたくしはまさしくブラフマンであると認めています」と。

すると、アジャータシャトルが言った。

「いやいや、そのようなことを論議する必要はない。「彼は偉大であり、白衣を着たソーマ[2]王である」と余は認めているのだ」と。

彼をそのように認めている者のために、毎日ソーマ[2]が搾られるのであって、その者は食物の尽きることがない。

〔四〕　そこで、ガールグヤが言った。
「稲妻の中にいるかのプルシャを、わたくしはまさしくブラフマンであると認めていま
す」と。
　すると、アジャータシャトルが言った。
「いやいや、そのようなことを論議する必要はない。「彼は光輝がある」と、余は認めて
いるのだ」と。
　彼をそのように認める者は、光輝のある者となり、その子孫も光輝ある者となる。
〔五〕　そこで、ガールグヤが言った。
「虚空の中にいるかのプルシャを、わたくしはまさしくブラフマンであると認めていま
す」と。
　すると、アジャータシャトルが言った。
「いやいや、そのようなことを論議する必要はない「彼は充満していて流出することのな
い者である」と、余は認めているのだ」と。
　彼をそのように認める者は、子孫と家畜の群に充ち、その子孫はこの世から滅び去るこ
とはない。
〔六〕　そこで、ガールグヤが言った。

「風の中にいるかのプルシャを、わたくしはまさしくブラフマンであると認めています」と。

するとアジャータシャトルが言った。

「いやいや、そのようなことを論議する必要はない。「彼はインドラ＝ヴァイクンタ(3)であり、無敗の軍勢である」と、余は認めている」と。

彼をそのように認める者は、勝利者・無敗者・敵を圧倒する者となる。

〔七〕そこで、ガールグヤが言った。

「火の中にいるかのアグニを、わたくしはまさしくブラフマンであると認めています」と。

すると、アジャータシャトルが言った。

「いやいや、そのようなことを論議する必要はない。「彼は征服者である」と、余は認めているのだ」と。

彼をそのように認める者は、征服者となり、その子孫も征服者となる。

〔八〕そこで、ガールグヤが言った。

「水の中にいるかのプルシャを、わたくしはまさしくブラフマンであると認めています」と。

すると、アジャータシャトルが言った。

「いやいや、そのようなことを論議する必要はない。「彼は映像である」と、余は認めているのだ」と。

彼をそのように認める者のところへは映像が近づき、映像ならざる者は近寄らない。そして、映像のごとき子孫が彼から生れる。
〔九〕　そこで、ガールグヤが言った。
「鏡の中にいるかのプルシャを、わたくしはまさしくブラフマンであると認めています」と。

そこで、アジャータシャトルが言った。

「いやいや、そのようなことを論議する必要はない。「彼は輝く者である」と、余は認めているのだ」と。

彼をそのように認める者は、輝く者となり、その子孫も輝く者となり、また接する人々のすべてを照射する。

〔一〇〕　そこで、ガールグヤが言った。

「立去る者の後におこるかの音（すなわち、跫音《あしおと》のこと）こそまさにブラフマンであると、わたくしは認めています」と。

すると、アジャータシャトルが言った。

「いやいや、そのようなことを論議する必要はない。「それは精気である」と、余は認めているのだ」と。

それをそのように認める者は、この世界において天寿を全うし、生命の終る時までプラーナが彼を見棄てることはない。
〔一〕 そこで、ガールグヤが言った。
「諸方角の中にいるかのプルシャを、わたくしはまさしくブラフマンであると認めています」と。

するとアジャータシャトルが言った。「いやいや、そのようなことを論議する必要はない。「彼は離れることのない友人である」と、余は認めているのだ」と。

彼をそのように認める者は、友人をもつ者となり、仲間が彼から離間されることはない。
〔二〕 そこで、ガールグヤが言った。
「陰影で造られたかのプルシャを、わたくしはまさにブラフマンであると認めています」と。

すると、アジャータシャトルが言った。

「いやいや、そのようなことを論議する必要はない。「彼は死である」と、余は認めているのだ」と。

彼をそのように認める者は、この世界において天寿を全うして、死期以前に死の近づくことはない。

〔一三〕そこで、ガールグヤが言った。

「自己の中にいるかのプルシャを、わたくしはまさにブラフマンであると認めています」と。

するとアジャータシャトルが言った。

「いやいや、そのようなことを論議する必要はない。「彼はアートマンを保有する者である」と、余は認めているのだ」と。

彼をそのように認める者は、アートマンを保有する者となり、またその子孫もアートマンを保有する者となる。

こうして、ガールグヤは沈黙した。

〔一四〕そこで、アジャータシャトルが言った。

ア「そこまでなのか」と。

ガ「そこまでです」と。

ア「そこまででは、知者ではない」と。

そこで、ガールグヤが言った。

「わたくしを、あなたの弟子にしていただきたい」と。
〔一五〕そこで、アジャータシャトルが言った。「婆羅門が「あの人はわたしにブラフマンについて教えてくれるだろう」と、王族の者に近づくのは、まさにさかさごとである。だが、そなたに教えよう」と。
王はガールグヤの両手をとり、立ちあがり、ひとりの睡っている男に近づいた。王は「偉人」「白衣の人」「ソーマ王」という名でその男に呼びかけたが、その男は起きあがらなかった。王はその男をゆさぶって、目を覚まさせた。すると、その男はようやく起きあがった。
〔一六〕そこで、アジャータシャトルが言った。「この男が眠っていたときに、純粋認識から成るかのプルシャは、そのとき、どこにいたのか。また、それはどこへ行っていたのか」と。
しかし、ガールグヤはそれが考えられなかった。
〔一七〕そこで、アジャータシャトルが言った。「この男が眠っていた場合、純粋認識から成るかのプルシャは、これらの諸機能の認識によって認識（ここでは「知覚」の意）を摂取して、心臓の内部にある虚空といわれるものの中に横たわっているのだ。プルシャがそれらを捕捉するとき、この男は眠っているといわれる。すなわち、呼吸も捕捉され、言語も捕捉され、眼も捕捉され、耳も捕捉され、意も捕捉されているのだ。

〔一八〕 このプルシャが夢の中で動きまわるとき、そこに彼の諸世界がある。彼は、あたかも大王になったかのように、あるいは偉大な婆羅門になったかのように、あるいは昇り、あるいは下降するのだ。あたかも大王が臣下の者たちを統率して、自分の領地の中を意のままに巡遊するように、彼は諸機能を統率して、自己の肉身の中を意のままに巡遊するのだ。

〔一九〕 しかも、人が熟睡して、全くなにも知らないとき、心臓からプリータトに達するヒターと称する七万二千の脈管があるが、プルシャはそれをつたうて、プリータトに達して、休息する。あたかも王子や、あるいは大王や、あるいは偉大な婆羅門が、歓楽をきわめた後に臥して休息するように、彼はまさしくそこに臥して休息するのである。

〔二〇〕 あたかも蜘蛛が糸をたどって昇ってゆくように、あたかも微細な火花が火から散出するように、このアートマンより、一切の機能・一切の世界・一切の神・一切の存在は散出する。その秘義は「真実の真実」（「最高の真実」の意）ということである。すなわち、諸機能は実は真実であるが、アートマンはそれら諸機能の真実なのである。

第二節

〔一〕 この犠牲の幼獣を、その住処《すみか》、その小屋、その繫がれる杭および縄とともに知る者は、憎悪の心をもつ七人の敵(4)を駆逐する。まこと、この幼獣とはこの中央の気息であり、これ(身体をさす)はその住処であり、これ(頭をさす)はその小屋であり、気息はそれを繫ぐ柱、食物はその縄である。

〔二〕 この幼獣に、これら七つの不滅の力が奉仕する。すなわち、眼の中に七つの赤い線があるが、これらによってルドラ(暴風雨)神が彼に随行する。また、眼の中にある水によってパルジャヌヤ(雨)神が随行し、瞳子《ひとみ》によってアーディトヤ(太陽)神が随行する。眼の黒い部分によってアグニ神が、白い部分によってインドラ神が彼に随行する。下瞼《したまぶた》の睫毛《まつげ》によって大地が随行し、上瞼の睫毛によって天が随行する。このように知る者に、食物が尽きることはない。

〔三〕―〔四〕 省略

第三節

〔一〕 事実、ブラフマンには二つの相がある。形成と不形成、可死と不死、固定と流動、現実と非現実とである。

〔二〕 従って、風と虚空とを除く一切は形成物である。すなわち、それは可死であり、固定したものであり、現実のもの（経験的意識の対象になるもの）である。この形成物の、この可死のものの、この固定したものの、この現実のものの精髄が、かの灼熱するもの（太陽）である。何故ならば、それは現実するものの精髄であるからである。

〔三〕 次に、風と虚空とは形成されない物である。それは不死であり、それは流動的であり、非現実なもの（先験的意識の対象となるもの）である。この形成されないものの、この不死のものの、この流動するものの、この非現実なものの精髄が、この円盤（太陽）の中にいるかのプルシャである。

何故ならば、それは非現実なものの精髄であるからである。

以上が、神に関する論議である。

〔四〕 さて、次には、個体に関する論議である。

気息と自己の内部にある虚空とを除く一切は形成物である。すなわち、それは可死であり、固定したものであり、現実のものである。この形成物の、この可死のものの、この固定したものの、この現実のものの精髄が、眼である。

何故ならば、それは現実のものの精髄であるからである。

〔五〕　次に、気息と自己の内部にある虚空とが形成されないものである。それは不死であり、それは流動的であり、非現実のものである。この形成されないものの、この不死のものの、この流動するものの、この非現実なものの精髄が、右眼の中にいるこのプルシャである。何故ならば、それは非現実なものの精髄であるからである。

〔六〕　このプルシャの相は、あたかも鬱金色《うこんいろ》の衣服のようであり、白い毛氈《もうせん》のようであり、臙脂虫《えんじむし》のようであり、火の焔のようであり、白蓮華のようであり、一閃《いっせん》する稲妻のようである。このように知る者は、一閃する稲妻のように吉祥がある。

しかも、それに関して、「あらず、あらず」と教示されている。何故ならば、「それよりも勝れているものは、ほかにない」ということである。そして、その名は「真実の真実」という。すなわち、諸機能は実に真実であり、それはこれらの諸機能の真実である」。

第四節

（ヤージュニャヴァルクヤ仙と妻マイトレーイーとのアートマンに関する論議）(5)　省略

第五節

〔一〕　この大地は一切の存在の蜜であり、一切の存在はこの大地にとって蜜である。この大地の中で活動力があり不死であるこのプルシャ、そして個体に関しては肉身に内在して活動力があり不死であるこのプルシャ、これこそこのアートマンにほかならない。それは不死であり、それはブラフマンであり、それは一切（全宇宙）である。

〔二〕この水は一切の存在の蜜であり、一切の存在はこの水の蜜である。この水の中で活動力があり、不死であるこのプルシャ、そして個体に関しては精液に内在して活動力があり不死であるこのプルシャ、これこそこのアートマンにほかならない。それは不死であり、それはブラフマンであり、それは一切である。

〔三〕この火は一切の存在の蜜であり、一切の存在はこの火の蜜である。この火の中で活動力があり不死であるこのアートマン、そして個体に関しては言語を本質として活動力をもち不死であるこのプルシャ、これこそこのアートマンにほかならない。それは不死であり、それはブラフマンであり、それは一切である。

〔四〕この風は一切の存在の蜜であり、一切の存在はこの風の蜜である。この火の中で活動力をもち不死であるこのプルシャ、そして個体に関しては気息であり活動力をもち不死であるこのプルシャ、これこそこのアートマンにほかならない。それは不死であり、それはブラフマンであり、それは一切である。

〔五〕この太陽は一切の存在の蜜であり、一切の存在はこの太陽の蜜である。この太陽の中で活動力をもち不死であるこのプルシャ、そして個体に関しては眼に内在して活動力をもち不死であるこのプルシャ、これこそこのアートマンにほかならない。それは不死であり、それはアートマンであり、それは一切である。

〔六〕これらの諸方角は一切の存在の蜜であり、一切の存在はこれらの諸方角の蜜である。これらの諸方角の中で活動力をもち不死であるこのプルシャ、そして個体に関しては耳に内在して活動力をもち不死であるこのプルシャ、これこそこのアートマンにほかならない。それは不死であり、それはアートマンであり、それは一切である。

〔七〕この月は一切の存在の蜜であり、一切の存在はこの月の蜜である。この月の中で活動力をもち不死であるこのプルシャ、そして個体に関しては心に内在して活動力をもち不死であるこのプルシャ、これこそこのアートマンにほかならない。それは不死であり、それはブラフマンであり、それは一切である。

〔八〕この稲妻は一切の存在の蜜であり、一切の存在はこの稲妻の蜜である。この稲妻の中で活動力をもち不死であるこのプルシャ、そして個体に関しては活動力に内在して活動力をもち不死であるこのプルシャ、これこそこのアートマンにほかならない。それは不死であり、それはブラフマンであり、それは一切である。

〔九〕この雷は一切の存在の蜜であり、一切の存在はこの雷の蜜である。この雷の中で活動力があり不死であるこのプルシャ、そして個体に関しては声に内在して音声を発し活動力があり不死であるこのプルシャ、これこそこのアートマンにほかならない。それは不死であり、それはブラフマンであり、それは一切である。

〔一〇〕この虚空は一切の存在の蜜であり、一切の存在はこの虚空の蜜である。この虚空の中で活動力があり不死であるプルシャ、そして個体に関しては心臓の中の空処であり活動力があり不死であるプルシャ、これこそこのアートマンにほかならない。それは不死であり、それはブラフマンであり、それは一切である。

〔一一〕この自然の秩序は一切の存在の蜜であり、一切の存在はこの自然の秩序の蜜である。この自然の秩序の中で活動力があり不死であるこのプルシャ、そして個体に関しては心身の秩序を支配して活動力があり不死であるこのプルシャ、これこそこのアートマンにほかならない。それは不死であり、それはブラフマンであり、それは一切である。

〔一二〕この真実は一切の存在の蜜であり、一切の存在はこの真実の蜜である。この真実の中で活動力があり不死であるこのプルシャ、そして個体に関しては心身の真実を支配して活動力があり不死であるこのプルシャ、これこそこのアートマンにほかならない。それは不死であり、それはブラフマンであり、それは一切である。

〔一三〕この人間性は一切の存在の蜜であり、一切の存在はこの人間性の蜜である。この人間性の中で活動力があり不死であるこのプルシャ、そして個体に関しては人間性であり活動力があって不死のこのプルシャ、これこそアートマンにほかならない。それは不死であり、それはブラフマンであり、それは一切である。

〔一四〕 このアートマンは一切の存在の蜜であり、一切の存在はこのアートマンの蜜である。このアートマンの中において活動力があり不死であるこのプルシャ、そしてこのアートマンであり活動力があり不死であるプルシャ、これこそこのアートマンにほかならない。それは不死であり、それはアートマンであり、それは一切である。

〔一五〕 このアートマンは一切の存在の君主であり、一切の存在の王である。あたかも車輪の輻《や》がすべて轂《こしき》と輞《たが》に固定されているように、まさしくこのアートマンに一切の存在・一切の神々・一切の世界・一切の機能・一切の個人が固定されているのである。

〔一六〕―〔一九〕 省略

第六節

(師資相承の次第) 省略

第三章

第一節

〔一〕ヴィデーハ王ジャナカが、司祭者に多くの布施をして、祭祀を行った。そこには、クル＝パンチャーラ地方の婆羅門《バラモン》たちが集ってきた。そのとき、このヴィデーハ王ジャナカ王は
「これらの婆羅門たちの中で、ヴェーダ聖典に最も通暁しているのは、一体、誰であろうか」
ということを知りたいと思った。そこで、彼は千頭の牛を囲いの中に入れ、それぞれの牛の二本の角にそれぞれ十パーダずつの黄金を結びつけておいた。

〔二〕王はかれらに言った。
「尊き婆羅門がたよ、諸子の中で最も勝れた婆羅門である方が、これらの牛を持って帰りなさい」と。

かれら婆羅門たちは、誰一人として名のりでなかった。すると、ヤージュニャヴァルク

ヤが自分の弟子に言った。

「おいサーマシュラヴァよ、これらの牛を連れてゆけ」と。

弟子はそれらの牛を連れて帰った。かれら婆羅門たちは
「何故に彼は自分が最も勝れた婆羅門であると言うのか」

と言って、怒った。

さて、ヴィデーハ王ジャナカのホートリ祭官(6)にアシュヴァラという婆羅門がいた。彼がヤージュニャヴァルクヤに訊ねた。

「ヤージュニャヴァルクヤよ、君はわれわれの中で、事実、最も勝れた婆羅門であるのか」。

彼は言葉を続けて、

「われわれは、勿論《もちろん》、最も勝れた婆羅門に敬意を表します。でも、われわれも牛は欲しいんですよ」

と語った。こうして、祭官アシュヴァラは彼に質問する決心をした。
〔三〕「ヤージュニャヴァルクヤよ、この一切は死に追及されており、死に圧倒されている。祭主は何によって死の追及から免れるのであろうか」
と、アシュヴァラが言った。

ヤージュニャヴァルクヤ「ホートリ祭官と祭火と讃頌を唱える言葉とによってである。言葉は実に祭祀のホートリ祭官である。この言葉とはすなわち祭火である。それはホートリ祭官であり、解脱《げだつ》であり、最高の解脱である」。

〔四〕ア「ヤージュニャヴァルクヤよ、この一切は日夜の二者に追及されており、日夜の二者に圧倒されている。祭主は何によって日夜の二者の追及から免れるのであろうか」

と、アシュヴァラが言った。

ヤ「アドヴァルユ祭官(7)と眼と太陽とによってである。眼は実に祭祀のアドヴァルユ祭官である。この眼とはすなわち太陽である。それはアドヴァルユ祭官であり、解脱であり、最高の解脱である」。

〔五〕「ヤージュニャヴァルクヤよ、この一切は月の前半と後半との両者に追及されており、この両者に圧倒されている。祭主は何によって月の前半と後半との両者の追及から免れるのであろうか」

と、アシュヴァラが言った。

ヤ「ウドガートリ祭官(8)と風と気息とによってである。気息は実に祭祀のウドガートリ祭官である。この気息とはすなわち風である。それはウドガートリ祭官であり、解脱であり、最高の解脱である」。

〔六〕「ヤージュニャヴァルクヤよ、この天空は一見して支柱がないかのようである。祭主は何によって天界にたどりつくのか」

と、アシュヴァラが言った。

ヤ「ブラフマン祭官と意と月とによってである。意は実に祭祀のブラフマン祭官である。この意とはすなわち月である。それはブラフマン祭官であり、解脱であり、最高の解脱である」。

以上は最終の解脱の諸要素に関する論議である。次には、その適用に関する論議である。

〔七〕「ヤージュニャヴァルクヤよ、ホートリ祭官は今日この祭祀において、幾種の讃頌を用うべきであろうか」

と、アシュヴァラが言った。

ヤ「三種の讃頌を用いるべきである」と。

ア「その三種とはどれとどれか」と。

ヤ「神を招請する讃頌と、神を祀る讃頌と、神を讃嘆する讃頌とである」。

ア「それらによって、何がかち得られるのか」と。

〔八〕ヤ「気息をもつもののすべてをだ」と。

彼は言った。

ア「ヤージュニャヴァルクヤよ、今日この祭祀において、アドヴァルユ祭官は幾種類の供物を供えるべきであろうか」と。

ヤ「三種類である」と。

ア「その三種類とはなになにか」と。

ヤ「火に投入されたとき燃え上るものと、火に投入されたとき流れ出るものと、火に投入されたとき火中にのこるものとの三種類である」。

ア「それらによって、何がかち得られるのか」と。

ヤ「祭火の中に投入されたとき燃え上るものによっては、神界こそかち得られる。何故ならば、神界は燃え上っているかのようであるからである。火中に投入されたとき流れ出るものによっては、父祖の世界こそかち得られよう。何故ならば、父祖の世界はわれわれの世界の上に出ているかのようであるからだ。火中に投入されたとき火中にのこるものによって、人間の世界こそかち得られよう。何故ならば、人間の世界は下にあるかのようであるからだ」。

〔九〕 彼が言った。

ア「ヤージュニャヴァルクヤよ、今日ブラフマン祭官は幾柱の神とともに、この祭祀を右側から守るのか」。

ヤ「一柱の神とともにである」。

ア「その一柱の神とは、如何《いか》なる神か」。

ヤ「意こそ、それである。実に、意は無際限であり、一切の神々も無際限である。彼はそれによって無際限の世界をかち得るのだ」と。

〔一〇〕 彼が言った。

ア「今日この祭典において、ウドガートリ祭官は幾種類の歌詠を詠うのであろうか」。

ヤ「三種類である」と。

ア「その三種類とはなにとなにか」と。

ヤ「神を招請する歌詠と、神を祀る歌詠と、神を讃える歌詠とである」。

ア「それらを自身に関していえば、なにとなにか」。

ヤ「神を招請する歌詠とはまさに吐く息であり、神を祀る歌詠とは吸う息であり、神を讃える歌詠とは体内をめぐる気息である」と。

ア「それらによって、何がかち得られるのか」と。

ヤ「神を招請する歌詠によって、大地の世界こそかち得られる。神を祀る歌詠によって、虚空界がかち得られ、神を讃える歌詠によって、天界がかちえられる」。

ここに至って、ホートリ祭官アシュヴァラは沈黙した。

第二節

〔一〕 次に、彼（ヤージュニャヴァルクヤ）にジャーラットカーラヴァ＝アールタバーガが訊ねた。

「ヤージュニャヴァルクヤよ、捕捉するもの（感官）はいくつあり、捕捉されるもの（感官の対象）はいくつあるのか」

と、彼が語った。

ヤ「捕捉するものは八つ、その対象も八つである」と。

ジ「捕捉するもの八つ、その対象は八つとは、それらはなになになのか」と。

〔二〕 ヤ「気息は実に捕捉するものである。捕捉される対象の匂いによって認識されている。気息によって、人は諸々の匂いを嗅ぐからである。

〔三〕 言語は実に捕捉するものである。捕捉される対象の名によって認識されている。言語によって、人は諸々の名を現わすからである。

〔四〕 舌は実に捕捉するものである。捕捉される対象の味によって認識されている。舌によって、人は諸々の味を識別するからである。

〔五〕 眼は実に捕捉するものである。捕捉される対象の形によって認識されている。眼によって人は種々の形を視るからである。
〔六〕　耳は実に捕捉するものである。捕捉される対象の音によって認識されている。耳によって人は諸々の音を聞くからである。
〔七〕　意は実に捕捉するものである。捕捉される対象の欲望によって認識されている。意によって、人は諸々の欲望をおこすからである。
〔八〕　両手は実に捕捉するものである。捕捉される対象の行為によって、認識されている。両手によって、人は行為をするからである。
〔九〕　皮膚は実に捕捉するものである。捕捉される対象の触感によって、それは認識されている。皮膚によって、人は種々の触感を感じとるからである。
　以上が、八つの捕捉するものと八つの捕捉される対象である」。

〔一〇〕　ジャーラットカーラヴァ＝アールタバーガが言った。

「ヤージュニャヴァルクヤよ、この一切はすべて死の食物であるが、死を食物としている神は、一体、どの神であるのか」。

「死は実に火である。彼は水の食物である。彼は再死を征服する」。
〔一一〕　彼は言った。
「ヤージュニャヴァルクヤよ、この人間が死ぬる場合、諸々の気息は彼から出てゆくのか、それとも出てゆかないのか」と。

「いな」と、ヤージュニャヴァルクヤが語った。

ヤ「諸々の気息は彼に集ってくるのだ。だから、彼は腫れ、膨れるのだ。そして、膨れたまま死んで横たわるのだ」。

〔一二〕彼が言った。

「ヤージュニャヴァルクヤよ、この人間が死ぬる場合、彼を見棄てないものは何か」と。

ヤ「名である。名は実に永遠である。一切の神々も永遠である。彼はそれによって永遠の世界をかち得るのだ」。

〔一三〕彼が言った。

「ヤージュニャヴァルクヤよ、この人間が死んで、彼の言語が火に、気息が風に、眼が太陽に、意が月に、諸方角が耳に、肉体が大地に、アートマンが虚空に、毛が諸々の草に、髪が樹木に帰入し、血液と精液とが水中に委ねられる場合、そのときこの人間は何処《どこ》にいるのか」と。

ヤ「君、わたしの手をとられよ。アールタバーガよ。われわれ両人だけで、その問題を論じよう。われわれはそのことを人々のいる席で論議すべきではない」と。

そこで、かれら両名はその席から立って、論議をした。かれら両人が語りあったのは、実に業《ごう》についてであったし、またかれら両人が讃美したのも実に業についてであった。すなわち、「善業によって実に福徳はあり、悪は悪業によって生ずる」ということであった。

こうして、ジャーラットガーラヴァ＝アールタバーガは沈黙した。

第三節

〔一〕 そこで、ブジュ＝ラーフヤーヤニが彼（ヤージュニャヴァルクヤ）に訊ねた。
「ヤージュニャヴァルクヤよ、遊行僧のわれわれがマドラ国内を遊歴して修行していた。そのとき、パタンチャラ＝カープヤ仙の家に行った。その当時、彼の娘はガンダルヴァに取憑《とりつ》かれていた。われわれは、そのガンダルヴァに、
「おまえは誰だ」
と訊ねた。すると、彼は
「スダンヴァン＝アーンギラサだ」
と言った。われわれが彼に諸々の世界の終末について訊ねたとき、われわれは彼に
「パリクシット王の子孫たちは、どこへ行ったのだ」
と訊ねた。パリクシット王の子孫たちは、どこへ行ったか、そのことをわたしは君に訊ねたい。ヤージュニャヴァルクヤよ、パリクシット王の子孫たちは、どこへ行ったのだ」と。

〔二〕ヤージュニャヴァルクヤが言った。

ヤ「彼は「馬の犠牲祭を行った人たちの行くところへ、かれらは行った」と言ったに相違ない」。

ラ「馬の犠牲祭を行った人たちは、どこへ行くのか」と。

ヤ「かのガンダルヴァは「この世界は実に神の車（太陽）で三十二日の行程の広さである。その周囲に、その二倍の広さの大地が取巻いている。この大地の周囲に、その二倍の広さの海が取巻いている。その中間に、剃刀《かみそり》の刃ほどの、あるいは蚊の翅《はね》ほどの空間がある。この空間を通って、インドラ神は鷲（光線の比喩的表現）となって、かれらパリクシット王の子孫たちをヴァーユ神（風の神）に渡したのである。ヴァーユはかれらを自己の中につつみこんで、馬の犠牲祭を行った人々のいるところ（ブラフマンの世界）へ運んでいった」と、このようにヴァーユ神だけを讃嘆したに相違ない。従って、ヴァーユ神（アートマンの象徴的表現）こそ個体であり、ヴァーユ神は綜合体なのである。このように知る者は再死を征服する」。

こうして、ブジュ＝ラーフヤーヤニは沈黙した。

第四節

〔一〕次に、ウシャスタ＝チャークラーヤナが彼（ヤージュニャヴァルクヤ）に訊ねた。「ヤージュニャヴァルクヤよ、われわれの眼前に現われて姿を隠すことのないブラフマン、すなわち万物に内在するアートマン、それをわたしに説明していただきたい」

と、彼が言うと、

ヤ「君のアートマン、それが万物に内在するアートマンである」。

ウ「ヤージュニャヴァルクヤよ、万物に内在するものとは、如何《いか》なるものか」。

ヤ「吐く息によって呼吸している、君のアートマンが万物に内在するアートマンである。吸う息によって呼吸している、君のアートマンが万物に内在するアートマンである。体気によって呼吸している、君のアートマンが万物に内在するアートマンである。上昇する息によって呼吸している、君のアートマンが万物に内在するアートマンである。君のアートマン、それが万物に内在するアートマンなのだ」。

〔二〕そこで、ウシャスタ＝チャークラーヤナが言った。

「まさに『あれは牛である。あれは馬である』と言うように、そのように明確にそれは教示された。われわれの眼前に現われて姿を隠すことのないブラフマン、すなわち万物に内在するアートマン、それをわたしに知らせていただきたい」と。

ヤ「君のアートマン、それが万物に内在するアートマンなのだ」。

ウ「ヤージュニャヴァルクヤよ、万物に内在するものとは、如何なるものか」。

ヤ「視覚の主体である視る者（アートマンの比喩的表現）を君は視ることはできない。聴覚の主体である聴く者を君は聴きえない。思考の主体である思考者を君は思考しえないし、識別の主体である識別者を君は識別しえない。君のアートマン、それが万物に内在するアートマンなのだ。それ以外のものは苦悩に委ねられているのだ」。

こうして、ウシャスタ＝チャークラーヤナは沈黙した。

第五節

〔一〕次に、カホーラ＝カウシータケーヤが彼に訊ねた。
「ヤージュニャヴァルクヤよ、われわれの眼前に現われて姿を隠すことのないブラフマン、すなわち万物に内在するアートマン、それをわたしに説明していただきたい」

と、彼が言うと、
ヤ「君のアートマン、それが万物に内在するアートマンである」。

カ「ヤージュニャヴァルクヤよ、万物に内在するものとは、如何なるものか」。

ヤ「飢渇、憂い、愚痴、老齢、死を超越するものである。実にこのようなアートマンを知るとき、婆羅門たちは息子をえたいという願望と財産をえたいという願望、そして世間に対する願望を捨てて、食物を乞うて歩き、修行するのである。何故ならば、息子をえたいという願望は財産をえたいという願望にほかならず、財産への願望は世間に対する願望であり、これら二つの願望は実に同じであるからである。従って、婆羅門は学識を捨てて、愚かさに満足すべきである。彼はさらに学識と愚かさとを捨てて、かくて聖者となり、聖者の立場と非聖者の立場を捨てて、かくて婆羅門となるのである」。

カ「この婆羅門は何によって婆羅門であるのか」。

ヤ「婆羅門を婆羅門たらしめているもの（ブラフマン）によって、そうなのである。それ以外のものは苦悩に委ねられているのだ」。

こうして、カホーラ＝カウシータケーヤは沈黙した。

第六節

〔一〕次に、ガールギー＝ヴァーチャクナヴィーが彼に訊ねた。

「ヤージュニャヴァルクヤよ、この万物は水の中に織りこまれ織りまぜられている。では、一体、水は何の中に織りこまれ織りまぜられているのか」

と、彼女が言うと、

ヤ「風の中にだ、ガールギーよ」と。

ヴァ「では、一体、風は何の中に織りこまれ織りまぜられているのか」と。

ヤ「中空の諸世界の中にである、ガールギーよ」と。

ヴァ「では、一体、中空の諸世界は何の中に織りこまれ織りまぜられているのか」と。

ヤ「ガンダルヴァの諸世界の中にである。ガールギーよ」と。

ヴァ「では、一体、ガンダルヴァの諸世界は何の中に織りこまれ織りまぜられているのか」と。

ヤ「太陽の諸世界の中にである、ガールギーよ」と。

ヴァ「では、一体、太陽の諸世界は何の中に織りこまれ織りまぜられているのか」と。

ヤ「月の諸世界の中にである、ガールギーよ」と。

ヴァ「では、一体、月の諸世界は何の中に織りこまれ織りまぜられているのか」と。

ヤ「星宿の諸世界の中にである、ガールギーよ」と。

ヴァ「では、一体、星宿の諸世界は何の中に織りこまれ織りまぜられているのか」と。

ヤ「神の諸世界の中にである、ガールギーよ」と。

ヴァ「では、一体、神の諸世界は何の中に織りこまれ織りまぜられているのか」と。

ヤ「インドラ神の諸世界の中にである、ガールギーよ」と。

ヴァ「では、一体、インドラ神の諸世界は何の中に織りこまれ織りまぜられているのか」と。

ヤ「プラジャー＝パティ（創造主）の諸世界の中にである、ガールギーよ」と。

ヴァ「では、一体、プラジャー＝パティの諸世界は何の中に織りこまれ織りまぜられているのか」と。

ヤ「ブラフマンの諸世界の中にである、ガールギーよ」と。

ヴァ「では、一体、ブラフマンの諸世界は何の中に織りこまれ織りまぜられているのか」と。

そこで、彼（ヤージュニャヴァルクヤ）が言った。

「ガールギーよ、問いすぎてはならぬ。そなたの首を落とすことのないようにせよ。そなたは問いすぎてはならぬ神格に、問いすぎている。ガールギーよ、問いすぎてはならぬ」と。

こうして、ガールギー＝ヴァーチャクナヴィーは沈黙した。

第七節

〔一〕 次に、ウッダーラカ＝アールニが彼に訊ねた。

「ヤージュニャヴァルクヤよ、われわれは嘗《かつ》てマドラ国においてパタンチャラ＝カープヤ仙の家に逗留して、祭祀に関して学んでいた。その当時、彼の妻はガンダルヴァに取憑かれていた。われわれは、そのガンダルヴァに

「おまえは誰だ」

と訊ねた。すると、彼は

「カバンダ＝アータルヴァナだ」

と言った。

すると、彼はパタンチャラ＝カープヤ仙と祭祀を学んでいるわれわれに語った。

「カープヤ仙よ、この世界と、かの世界と、一切のこの世に存在するものを繋ぐのに用いられている糸を、君は知っているのか」と。

そこで、パタンチャラ＝カープヤ仙が言った。

「尊い方よ、わたくしはそれを知りません」と。

すると、彼はパタンチャラ＝カープヤ仙と祭祀を学んでいるわれわれに言った。

「カープヤ仙よ、この世界と、かの世界と、一切のこの世に存在するものたちを内部から制御する、かの内部の抑制者を、君は知っているか」と。

そこで、パタンチャラ＝カープヤ仙は言った。

「尊い方よ、わたくしはそれを知りません」と。

すると、彼はパタンチャラ＝カープヤ仙と祭祀を学んでいるわれわれに言った。

「まこと、カープヤ仙よ、その糸を知り、またその内部の抑制者を知る者は、ブラフマンを知る者であり、世界を知る者であり、神を知り、ヴェーダを知り、この世に存在するものを知り、アートマンを知り、また一切を知る者である」と、それらの人々に語った。そのような訳で、余はそれを知っている。もしそなたが、ヤージュニャヴァルクヤよ、その糸を知らず、またその内部の抑制者を知らないで、最もすぐれた婆羅門に与えらるべき牛を連れ去ったとすれば、そなたの頭は離れ墜《お》ちるであろう」と。

ヤ「わたくしは、ガウタマ仙よ、その糸も、またその内部の抑制者も、知っております」と。

ウ「誰でも「知っている、知っている」と、そう言うことができる。知っているならば、話してみよ」と。

〔二〕 そこで、彼（ヤージュニャヴァルクヤ）は語った。

ヤ「その糸は、ガウタマ仙よ、実に風のことであります。この糸である風によって、ガウタマ仙よ、この世界と、かの世界と、一切のこの世に存在するものとは繋がれております。従って、ガウタマ仙よ、実に人死に対し、人は「彼の肢体はほどけた」と言います。何故ならば、ガウタマ仙よ、糸である風によって彼の肢体は繋がれていたからです」と。

ウ「その通りだ、ヤージュニャヴァルクヤよ。内部の抑制者について話せ」と。

〔三〕ヤ「大地の中に居住して、大地とは別のものであり、大地が知らず、大地を肉身とし、大地を内部から制御する者、それがあなたのアートマンであり、不死の、内部の抑制者であります。

〔四〕水の中に居住して、水とは別のものであり、水が知らず、水を肉身とし、水を内部から制御する者、それがあなたのアートマンであり、不死の、内部の抑制者であります。

〔五〕火の中に居住して、火とは別のものであり、火が知らず、火を肉身とし、火を内部から制御するもの、それがあなたのアートマンであり、不死の、内部の抑制者であります。

〔六〕空の中に居住し、空とは別のものであり、空が知ることなく、空を肉身とし、空を内部から制御するもの、それがあなたのアートマンであり、不死の、内部の抑制者であります。

〔七〕風の中に居住し、風とは別のものであり、風が知ることなく、風を肉身とし、風を内部から制御するもの、それがあなたのアートマンであり、不死の、内部の抑制者であります。

〔八〕天の中に居住し、天とは別のものであり、天が知ることなく、天を肉身とし、天を内部から制御するもの、それがあなたのアートマンであり、不死の、内部の抑制者であります。
〔九〕太陽の中に居住し、太陽とは別のものであり、太陽が知ることなく、太陽を肉身とし、太陽を内部から制御するもの、それがあなたのアートマンであり、不死の、内部の抑制者であります。
〔一〇〕方角の中に居住し、方角とは別のものであり、方角が知ることなく、方角を肉身とし、方角を内部から制御するもの、それがあなたのアートマンであり、不死の、内部の抑制者であります。
〔一一〕月と星宿の中に居住し、月と星宿とは別のものであり、月と星宿が知ることなく、月と星宿を肉身とし、月と星宿を内部から制御するもの、それがあなたのアートマンであり、不死の、内部の抑制者であります。
〔一二〕虚空の中に居住し、虚空とは別のものであり、虚空は知ることなく、虚空を肉身とし、虚空を内部から制御するもの、それがあなたのアートマンであり、不死の、内部の抑制者であります。
〔一三〕闇黒の中に居住し、闇黒とは別のものであり、闇黒は知ることなく、闇黒を肉身とし、闇黒を内部から制御するもの、それがあなたのアートマンであり、不死の、内部の抑制者であります。

〔一四〕 熱の中に居住し、熱とは別のものであり、熱は知ることなく、熱を肉身とし、熱を内部から制御するもの、それがあなたのアートマンであり、不死の、内部の抑制者であります。

〔一五〕 一切の存在の中に居住し、一切の存在とは別のものであり、一切の存在が知ることなく、一切の存在を肉身とし、一切の存在を内部から制御するもの、それがあなたのアートマンであり、不死の、内部の抑制者であります。

以上、物質的な存在に関する論議であります。

さて、次には、個体に関する論議であります。

〔一六〕 気息の中に居住し、気息とは別のもので、気息が知ることなく、気息を肉身として、気息を内部から制御するもの、それがあなたのアートマンであり、不死の、内部の抑制者であります。

〔一七〕 言語の中に居住し、言語とは別のもので、言語が知ることなく、言語を肉身として、言語を内部から制御するもの、それがあなたのアートマンであり、不死の、内部の抑制者であります。

〔一八〕 眼の中に居住し、眼とは別のもので、眼が知ることなく、眼を肉身として、眼を内部から制御するもの、それがあなたのアートマンであり、不死の、内部の抑制者であります。

〔一九〕耳の中に居住し、耳とは別のもので、耳が知ることなく、耳を肉身とし、耳を内部から制御するもの、それがあなたのアートマンであり、不死の、内部の抑制者であります。

〔二〇〕意の中に居住し、意とは別のもので、意が知ることなく、意を肉身とし、意を内部から制御するもの、それがあなたのアートマンであり、不死の、内部の抑制者であります。

〔二一〕皮膚の中に居住し、皮膚とは別のもので、皮膚が知ることなく、皮膚を肉身とし、皮膚を内部から制御するもの、それがあなたのアートマンであり、不死の、内部の抑制者であります。

〔二二〕認識の中に居住し、認識とは別のもので、認識が知ることなく、認識を肉身とし、認識を内部から制御するもの、それがあなたのアートマンであり、不死の、内部の抑制者であります。

〔二三〕精液の中に居住し、精液とは別のもので、精液が知ることなく、精液を肉身とし、精液を内部から制御するもの、それがあなたのアートマンであり、不死の、内部の抑制者であります。

すなわち、それは、他から見られることなく見る者であり、他から聴かれることなく聴く者であり、他から思考されることなく思考する者であり、他から認識されることなく認識する者であります。それ以外に見る者はなく、それ以外に聴く者はなく、それ以外に思考する者なく、それ以外に認識する者はありません。それがあなたのアートマンであり、不死の、内部の抑制者であります。それ以外のものは苦悩に委ねられております」。

こうして、ウッダーラカ＝アールニは沈黙した。

第八節

〔一〕　すると、ヴァーチャクナビーが再び発言した。

「尊き婆羅門《バラモン》の方々、妾《わたし》はいま二つの質問をいたします。もし妾のこの二つの質問にこの方（ヤージュニャヴァルクヤ）が答えられるならば、あなたがたのどなたもブラフマンに関する論争に勝つことはないでしょう」と。

ヤ「ガールギーよ、訊ねるがよい」と。

〔二〕　そこで、彼女が言った。

ヴァ「妾は実に、ヤージュニャヴァルクヤよ、あたかもカーシー国あるいはヴィデーハ国の勇士が弛《ゆる》めてあった弓の弦を張り、敵を射ぬく二本の箭矢を手にして敵に立ち向うように、二つの質問をひっさげて、あなたに挑む次第です。その二つを妾に答えてください」と。

ヤ「ガールギーよ、問われるがよい」と。
〔三〕そこで、彼女が言った。
ヴァ「ヤージュニャヴァルクヤよ、天より上に達し、大地よりも下に達し、この天地両界の間に満ちて、過去・現在・未来にわたると説かれるものは、如何なるものに織りこまれ織りまぜられているのですか」と。
〔四〕そこで、彼が語った。
ヤ「ガールギーよ、天より上に達し、大地よりも下に達し、この天地両界の間に満ちて、過去・現在・未来にわたると説かれるものは、虚空の中に織りこまれ織りまぜられているのだ」と。
〔五〕そこで、彼女が言った。
ヴァ「妾にこの問題を説明してくださったあなたに、ヤージュニャヴァルクヤよ、敬意を捧げます。別の問題を伺いますが、お覚悟はよろしいですか」と。

ヤ「ガールギーよ、訊ねられるがよい」と。
〔六〕そこで、彼女が言った。

ヴァ「ヤージュニャヴァルクヤよ、天より上に達し、大地よりも下に達し、この天地両界の間に満ちて、過去・現在・未来にわたると説かれるものは、如何なるものに織りこまれ織りまぜられているのですか」と。

〔七〕　そこで、彼が語った。

ヤ「ガールギーよ、天より上に達し、大地よりも下に達し、この天地両界の間に満ちて、過去・現在・未来にわたると説かれるものは、虚空の中にこそ織りこまれ織りまぜられているのだ」と。

ヴァ「では、一体、虚空は如何なるものの中に織りこまれ織りまぜられているのですか」と。

〔八〕　そこで、彼が語った。

ヤ「ガールギーよ、それは実に婆羅門たちが不滅と呼ぶものだ。それは、粗でなく微小でなく、短くも長くもなく、多情でも無情でもなく、蔭も闇黒もなく、風でもなく、虚空でもなく、執着なく、無味、無臭であり、眼もなければ耳もなく、言語もなく、意もなく、熱もなければ気息もなく、顔面もなく、無量で、内もなければ外もないのである。なにものもそれは食うことなく、誰もそれを食うことはないのだ。

〔九〕　実に、この不滅のものの指示に従って、ガールギーよ、太陽と月とは分れて存在するのだ。実に、この不滅のものの指示に従って、ガールギーよ、天地両界は分れて存在するのだ。実に、この不滅のものの指示に従って、ガールギーよ、瞬間も、時間も、日夜も、半月も、月々も、諸季節も、歳月も、それぞれに分れて存在するのだ。実に、この不滅のものの指示に従って、ガールギーよ、一部の河川は白雪の山々（ヒマーラヤ山脈）から東方に流れ、他の河川は西方へと、それぞれの方角に流れるのだ。実に、この不滅のものの指示に従って、ガールギーよ、布施をする者の許には人間たちが、祭祀を行う者の許には神々が、供物をすくう柄杓《ひしやく》のところへは祖霊たちが集ってきて讃美するのだ。

〔一〇〕この不滅のものを知ることなく、ガールギーよ、この世において供物を捧げ、祭祀を行い、苦行をして数千年に及ぶとしても、その功徳はまさに滅びるであろう。この不滅のものを知ることなく、ガールギーよ、この世を去る者は、憐れむべき人である。しかし、この不滅のものを知って、ガールギーよ、この世を去る者は、真の婆羅門である。

〔一一〕この不滅のものは、ガールギーよ、他から見られることのない見る者であり、他から聴かれることのない聴く者であり、思考されることのない思考者であり、認識されることのない認識者である。このもののほかに見る者はなく、このもののほかに聴く者なく、このもののほかに思考者はなく、このもののほかに認識者はいないのだ。まこと、この不滅のものの中に、ガールギーよ、虚空は織りこまれ織りまぜられているのだ」。

〔二二〕　そこで、彼女が言った。
「尊き婆羅門の方々、あなたがたがこの方に頭を下げて引き下がることができますのは、これこそ有難いとしなければなりません。所詮、あなたがたのどなたもブラフマンに関する論争でこの方に勝つことはできません」と。

こうして、ヴァーチャクナヴィーは沈黙した。

第九節

〔一〕　次に、ヴィダグダ＝シャーカルヤが彼（ヤージュニャヴァルクヤ）に訊ねた。
「ヤージュニャヴァルクヤよ、神々の数は如何に」と。
彼はヴァイシュヴァ＝デーヴァのニヴィッド[10]に述べられているだけの数を、かのニヴィッドに従って答えた。
ヤ「三と三百と、さらに三と三千（合計三千三百六）である」と。
ヴィ「フーム、神々の数は如何に、ヤージュニャヴァルクヤよ」
と、彼が言うと、
ヤ「三十三」と。
ヴィ「フーム、神々の数は如何に、ヤージュニャヴァルクヤよ」

と、彼が言うと、
ヤ「六」と。
ヴィ「フーム、神々の数は如何に、ヤージュニャヴァルクヤよ」
と、彼が言うと、
ヤ「三」と。
ヴィ「フーム、神々の数は如何に、ヤージュニャヴァルクヤよ」
と、彼が言うと、
ヤ「二」と。
ヴィ「フーム、神々の数は如何に、ヤージュニャヴァルクヤよ」
と、彼が言うと、
ヤ「一と半分」と。
ヴィ「フーム、神々の数は如何に、ヤージュニャヴァルクヤよ」
と、彼が言うと、
ヤ「一」と。
ヴィ「フーム、三と三百と、三と三千とは、誰々であるのか」と。
〔二〕そこで、彼（ヤージュニャヴァルクヤ）が言った。

「それらの数は実は神々の特性をあらわすものである。しかし、神々の数は三十三にすぎない」と。

ヴィ「それら三十三神は誰々か」と。

ヤ「ヴァス神群八、ルドラ神群十一、アーディトヤ神群十二、以上の三十一神にインドラ神とプラジャー＝パティ（創造主）とで三十三神である」と。

〔三〕ヴィ「ヴァス神群とは誰々か」と。

ヤ「アグニ神と、大地と、風と、中空と、太陽と、天と、月と、諸星宿とで、これらがヴァス神群である。何故ならば、この万物はこれらの神々の間に置かれているからである。従って、ヴァス神群と言われる(11)」と。

〔四〕ヴィ「ルドラ神群とは誰々か」と。

ヤ「これらの人間にある十の気息と第十一番目はアートマンである。これらのものは肉身が死ぬると肉身から上昇し、そのとき泣く。それは泣くものである。従って、ルドラ神群といわれる(12)」と。

〔五〕ヴィ「アーディトヤ神群とは誰々か」と。

ヤ「一年の十二月が実にアーディトヤ神群である。何故ならば、歳月はこの万物を引きずって行くからである。それはこの万物を引きずって行くものである。従って、アーディトヤ神群といわれる」[13]。

〔六〕ヴィ「インドラ神とは誰か。プラジャー＝パティとは誰か」と。

ヤ「インドラ神とは雷鳴を轟《とどろ》かす者であり、プラジャー＝パティは祭祀である」と。

ヴィ「雷鳴を轟かす者とは誰か」と。

ヤ「雷である」と。

ヴィ「祭祀とは何か」と。

ヤ「家畜である」と。

〔七〕ヴィ「六とは何々か」と。

ヤ「アグニ神と、大地と、風と、中空と、太陽と、天とで、これらの六者である。何故ならば、この六者がすべてであるからである」と。

〔八〕ヴィ「これらの三神とは誰々か」と。

ヤ「それは三界にほかならぬ。何故ならば、一切の神々がその中にいるからである」と。

ヴィ「これらの二神とは誰々か」と。

ヤ「食物と生気とである」と。

ヴィ「一と半分とは誰か」と。

ヤ「それは風である」と。

〔九〕そこで、人々が言った。

「風はまさに傍若無人に吹くのであるが、では何故に一と半分といわれるのか」と。

ヤ「万物はその中で成長するが故に、一と半分という(14)」と。

ヴィ「一神とは誰か」と。

ヤ「気息である。それはブラフマンであり、「それ(15)」と呼ばれる」と。

〔一〇〕ヴィ「大地がその所在の場処であり、火はその世界であり、意はその光明である。実にこのプルシャが一切のアートマンの究極の表象であると知る者こそ、まさしく知者である。ヤージュニャヴァルクヤよ」。

ヤ「わたしは君の語るこのプルシャが一切のアートマンの究極の表象であることを知っている。この肉身であるプルシャこそ、まさにそれである。シャーカルヤよ。その神格（それが礼拝する対象）が何であるか、君は知っているか」と。

ヴィ「不死である」

と、彼（ヴィダグダ＝シャーカルヤ）は語った。

〔一一〕ヴィ「欲望がその所在の場処であり、心臓はその世界であり、意がその光明である。実に、このプルシャが一切のアートマンの究極の表象であると知る者こそ、まさしく知者である。ヤージュニャヴァルクヤよ」。

ヤ「わたしは君の語るこのプルシャが一切のアートマンの究極の表象であることを知っている。この肉身であるプルシャこそ、まさにそれである。シャーカルヤよ。その神格が何であるか、君は知っているか」と。

ヴィ「女たちである」

と、彼は語った。

〔一二〕ヴィ「諸々の形こそその所在の場処であり、眼はその世界であり、意がその光明である。実に、このプルシャが一切のアートマンの究極の表象であると知る者こそ、まさしく知者である。ヤージュニャヴァルクヤよ」。

ヤ「わたしは君の語るこのプルシャが一切のアートマンの究極の表象であることを知っている。この肉身であるプルシャこそ、まさにそれである。シャーカルヤよ。その神格が何であるか、君は知っているか」と。

ヴィ「真実である」

と、彼は語った。

〔一三〕ヴィ「虚空がその所在の場処であり、耳はその世界であり、意はその光明である。実に、このプルシャが一切のアートマンの究極の表象であると知る者こそ、まさしく知者である。ヤージュニャヴァルクヤよ」。

ヤ「わたしは君の語るこのプルシャが一切のアートマンの究極の表象であることを知っている。この肉身であるプルシャこそ、まさにそれである。シャーカルヤよ。その神格が何であるか、君は知っているか」と。

ヴィ「諸方角である」

と、彼は語った。

〔一四〕 ヴィ「闇黒がその所在の場処であり、心臓はその世界であり、意はその光明である。実に、このプルシャが一切のアートマンの究極の表象であると知る者こそ、まさしく知者である。ヤージュニャヴァルクヤよ」。

ヤ「わたしは君の語るこのプルシャが一切のアートマンの究極の表象であることを知っている。この肉身であるプルシャこそ、まさにそれである。シャーカルヤよ。その神格が何であるか、君は知っているか」と。

ヴィ「死である」

と、彼は語った。

〔一五〕 ヴィ「諸々の形がその所在の場処であり、眼はその世界であり、意はその光明である。実に、このプルシャが一切のアートマンの究極の表象であると知る者こそ、まさしく知者である。ヤージュニャヴァルクヤよ」。

ヤ「わたしは君の語るこのプルシャが一切のアートマンの究極の表象であることを知っている。この肉身であるプルシャこそ、まさにそれである。シャーカルヤよ。その神格が何であるか、君は知っているか」と。

ヴィ「生気である」

と、彼は語った。

〔一六〕ヴィ「水がその所在の場処であり、心臓がその世界であり、意はその光明である。実に、このプルシャが一切のアートマンの究極の表象であると知る者こそ、まさしく知者である。ヤージュニャヴァルクヤよ」。

ヤ「わたしは君の語るこのプルシャが一切のアートマンの究極の表象であることを知っている。この肉身であるプルシャこそ、まさにそれである。シャーカルヤよ、その神格が誰であるか、君は知っているか」と。

ヴィ「ヴァルナ神（水の神、わが国の「水天」はこの神である）である」

と、彼は語った。

〔一七〕ヴィ「精液がその所在の場処であり、心臓がその世界であり、意はその光明である。実に、このプルシャが一切のアートマンの究極の表象であると知る者こそ、まさしく知者である。ヤージュニャヴァルクヤよ」。

ヤ「わたしは君の語るこのプルシャが一切のアートマンの究極の表象であることを知っている。この肉身であるプルシャこそ、まさにそれである。シャーカルヤよ、その神格が誰であるか、君は知っているか」と。

ヴィ「プラジャー＝パティ（創造主）である」

と、彼は語った。

〔一八〕 ヤ「シャーカルヤよ、これらの婆羅門たちは君を火消壺にしたのではないか」と、ヤージュニャヴァルクヤが言った。

〔一九〕 すると、シャーカルヤが言った。

ヴィ「ヤージュニャヴァルクヤよ、君がクル＝パンチャーラ地方の婆羅門たちを誹《そし》るからには、君はブラフマンを知っているのかね」と。

ヤ「わたしは諸方角と、それぞれの主宰神ならびにその拠りどころを、知っている」と。

ヴィ「君が諸方角と、それぞれの主宰神ならびにその拠りどころを、知っているとすれば、

〔二〇〕 君は東方における主宰神に如何《いか》なる神格を選ぶのか」と。

ヤ「太陽神である」と。

ヴィ「かの太陽は如何なるものに拠りどころを定めているのか」と。

ヤ「眼にである」と。

ヴィ「では、眼は何を拠りどころとしているか」と。

ヤ「諸々の形に拠りどころを定めている。何故ならば、人は諸々の形を眼で視るからである」。

ヴィ「では、諸々の形は何に拠りどころを定めているのか」と。

ヤ「心臓にである。何故ならば、人は心臓によって諸々の形を知るからである。諸々の形が、事実、心臓に拠りどころを定めているからこそ、知られるのである」と。

ヴィ「まことに、その通りである。ヤージュニャヴァルクヤよ」。

〔二一〕ヴィ「君は南方における主宰神に如何なる神格を選ぶのか」と。

ヤ「ヤマ神である」と。

ヴィ「かのヤマは如何なるものに拠りどころを定めているのか」と。

ヤ「祭祀にである」と。

ヴィ「では、祭祀は何を拠りどころとしているか」と。

ヤ「祭祀の謝礼に拠りどころを定めているのだ」と。

ヴィ「では、祭祀は何に拠りどころを定めているのか」と。

ヤ「信仰にである。何故ならば、人は信ずるときに、祭祀の謝礼を司祭者に贈るからである。祭祀の謝礼が、事実、信仰に拠りどころを定めているからこそ、人は祭祀の謝礼を贈るのである」と。

ヴィ「では、信仰は何に拠りどころを定めているのか」と。

ヤ「心臓にである。何故ならば、人は心臓によって信仰を知るからである。信仰が、事実、心臓に拠りどころを定めているからこそ、信仰は知られるのだ」と。

ヴィ「まことに、その通りである。ヤージュニャヴァルクヤよ」。

〔二二〕 ヴィ「君は西方における主宰神に如何なる神格を選ぶのか」と。

ヤ「ヴァルナ神である」と。

ヴィ「かのヴァルナは如何なるものに拠りどころを定めているのか」と。

ヤ「水にである」と。

ヴィ「では、水は何に拠りどころを定めているのか」と。

ヤ「精液にである」と。

ヴィ「では、精液は何に拠りどころを定めているのか」と。

ヤ「心臓にである。従って、父によく似た子が生れると、人々は「心臓から出てきたようだ」とか「心臓から造られたようだ」とか言うのである。精液が心臓に拠りどころを定めているからこそ、そのように言われるのだ」と。

ヴィ「まことに、その通りである。ヤージュニャヴァルクヤよ」。

〔二三〕ヴィ「君は北方における主宰神に如何なる神格を選ぶのか」と。

ヤ「ソーマ神である」と。

ヴィ「かのソーマは如何なるものに拠りどころを定めているのか」と。

ヤ「潔斎にである」と。

ヴィ「では、潔斎は何に拠りどころを定めているのか」と。

ヤ「真実にである。従って、また、潔斎の終った人に「真実を語れ」と、人々は言うのである。何故ならば、潔斎は真実に拠りどころを定めているからである」と。

ヴィ「では、真実は何を拠りどころとしているのか」と。

ヤ「心臓にである。何故ならば、人は心臓によって真実を知るからであり、心臓にこそ真実は拠りどころを定めているからである」

と、彼（ヤージュニャヴァルクヤ）が語った。

ヴィ「まことに、その通りである。ヤージュニャヴァルクヤよ」。

〔二四〕ヴィ「君は天頂の方角における主宰神に如何なる神格を選ぶのか」と。

ヤ「アグニ（火）神である」と。

ヴィ「では、アグニは如何なるものに拠りどころを定めているのか」と。

ヤ「言語にである」と。
ヴィ「では、言語は何を拠りどころとしているのか」と。
ヤ「心臓にである」と。
ヴィ「では、心臓は何を拠りどころとしているのか」と。
〔二五〕「心臓がわれわれとは別にあると考えているとすれば、非常識も甚だしい。何故ならば、それがわれわれとは別にあるとするならば、犬がそれを食うか、鷲がそれを引き裂こう」と。
〔二六〕ヴィ「では、君とアートマンとは何に拠りどころを定めているのか」と。
ヤ「呼気にである」と。
ヴィ「では、呼気は何を拠りどころとしているのか」と。
ヤ「吸気にである」と。
ヴィ「では、吸気は何を拠りどころとしているのか」と。
ヤ「体気である」と。
ヴィ「では、体気は何を拠りどころとしているのか」と。
ヤ「ウダーナ（五気の一つで、上昇する生気）にである」と。
ヴィ「では、ウダーナは何を拠りどころとしているのか」と。

ヤ「サマーナ（「凝集する生気」の意）にである」と。

そこで、彼（ヤージュニャヴァルクヤ）が語った。

ヤ「アートマンは「あらず、あらず」と説かれ、不可捉である。何故ならば、彼は捕捉されないからである。彼は破壊されないが故に不可壊であり、彼は染着されないが故に不染着であり、彼は束縛されない者であって、動揺することなく、毀損されることもない。これら八つの所在の場処と、八つの世界と、八柱の神々と、八プルシャはいずれも、アートマンの象徴である。彼はこれらのプルシャを避け、斥け、そして超越する。このプルシャに関する秘義をわたしは君に訊ねたい。君がもしそれをわたしに説明しえない場合は、君の頭はきれて飛ぶであろう」と。

シャーカルヤはそれを思索しえなかったので、彼の頭はきれて飛んでしまった。しかも、盗人が他のものと間違えて、彼の骨を持ち去ってしまった。
〔二七〕そこで、ヤージュニャヴァルクヤが語った。
「尊き婆羅門がたよ、みなさんがお望みならば、わたしに訊ねられよ。それとも、みなさんが御一緒に訊ねていただきたい。また、お望みならば、わたしがお訊ねしてもよろしい。それとも、みなさんがた御一同に、わたしからお訊ねしましょう」と。

しかし、婆羅門たちは敢て彼に質問しなかった。

〔二八〕 そこで、彼（ヤージュニャヴァルクヤ）が次の詩頌で彼らに質問した。

(一) 人間は明かに森の主である樹木さながらである。
彼の毛髪は茂る葉、彼の皮膚は外側の樹皮である。

(二) 彼の血は皮膚から、樹脂は樹皮から流れ出る。
傷ついた人から流れる血は、打ち砕かれた樹木の液のようである。

(三) 肉は樹木の辺材であり、腱はその堅き白太《しらた》である。
骨は樹木の心材であり、髄は樹木の髄に喩えられる。

(四) 樹は伐り倒されても、新らしく根から再び成長するが、
人は死によって打ち倒されるとき、どの根から生いでることがあろうか。

(五) 枯れても直ちに生い繁る樹木さながらに、
「人間は精子から生ずる」と言うなかれ。それは生きている者から生ずるのだ。

(六) 樹を根もろともに引抜くとき、それは再び生えることはない。
人は死によって打ち倒されるとき、どの根から生いでることがあろうか。

(七) 人間は一度《ひとたび》生れるとき二度と生れず。誰が再び生れさすのか。
ブラフマンは認識であり、歓喜であり、布施する者の受くべき褒賞、それを知って、
安らかに住する者の最高の住処である。

第四章

第一節

〔一〕 ヴィデーハ王ジャナカが王座に坐っていた。丁度そのとき、ヤージュニャヴァルクヤ仙が近づいて来た。王が彼に言った。
「ヤージュニャヴァルクヤよ、あなたはどのような目的で、ここに来られたのですか。布施の家畜が欲しくてですか、微妙な問題を論じようと思うてですか」と。

「二つとも得たいと思うてです、大王よ」

と、彼は言った。
〔二〕 **ヤージュニャヴァルクヤ仙**「もし誰かがあなたに語ったことがありますならば、それをうかがいたいと思います」と。
ジャナカ王「ジトヴァン＝シャイリニが余に『言語こそ梵である』と語ったことがあります」と。
仙「母のある者・父のある者・師匠をもつ者（普通の人間）が言うように、シャイリニは「語ることのできない者は何も得られない」と考えて、「言語こそ梵である」と言ったのであります。しかし、彼はあなたに梵の休憩処と住処とを語ったでしょうか」。

王「彼はそれを余に語りませんでした」と。

仙「それでは、梵は片足があるだけです。大王よ」と。

王「では、あなたこそ、余にそれを話していただきたい。ヤージュニャヴァルクヤよ」と。

仙「言語は梵の休憩処にすぎません。虚空が梵の住処です。理知として、それを尊重していただきたい」。

王「理智の本質は何でありましょうか。ヤージュニャヴァルクヤよ」。

仙「言語こそ、それです。大王よ」

と、彼は語った。

「実に、言語によって、大王よ、親族は認識されます。『リグ＝ヴェーダ』、『ヤジュル＝ヴェーダ』、『サーマ＝ヴェーダ』、『アタルヴァ＝アンギラス』（『アタルヴァ＝ヴェーダ』のこと）、歴史譚、神話伝説、諸々の学問、ウパニシャッド文献、詩頌、諸綱要書、諸々の解説書、諸々の註釈書、供物、祭火の中に投入された供物、食物、飲料、この世界ならびにかの世界、また一切の存在は、大王よ、言語によってこそ識知されるのです。言語こそ、大王よ、最高の梵であります。このように知って、この梵を尊重する者を、言語は見捨てることなく、一切の存在は彼のところに集り来り、彼は神となって、諸神の許に赴くのです」。

「象のように巨大な牡牛をともなう一千頭の牝牛を、あなたに贈りましょう」と、ヴィデーハ王ジャナカは言った。するとヤージュニャヴァルクヤ仙が語った。「父はわたくしに「完全に教えないで、贈物を受けてはならぬ」と、申しました」と。

〔三〕仙「もし誰かがあなたに語ったことがありますならば、それをうかがいたいと思います」と。

王「ウダンカ＝シャウルバーヤナが余に「気息こそ梵である」と語ったことがあります」と。

仙「母のある者・父のある者・師匠のある者が言うように、シャウルバーヤナは「気息のない者は何も得られない」と考えて、「気息こそ梵である」と言ったのであります。しかし、彼はあなたに梵の休憩処と住処とを語ったでしょうか」。

王「彼はそれを余に語りませんでした」と。

仙「それでは、梵は片足があるだけです。大王よ」と。

王「では、あなたこそ、余にそれを話していただきたい。ヤージュニャヴァルクヤよ」。

仙「気息は梵の休憩処にすぎません。虚空が梵の住処です。愛としてそれを尊重していただきたい」。

王「愛の本質は何であるのですか。ヤージュニャヴァルクヤよ」。

仙「気息こそ、それです。大王よ」

と、彼は語った。

「実に、気息を愛するがために、婆羅門は祭祀を行わせてはならぬ者に司祭者として奉仕して祭祀を行わせ、祭祀の報酬を受けてはならぬ者から報酬を受けるのです。気息を愛するがために、どの方向に逃げて行くとしても、大王よ、またそこには殺される心配もあります。気息こそ、大王よ、最高の梵であります。このように知って、この梵を尊重する者を、気息は見捨てることなく、一切の存在は彼のところに集り来り、彼は神となって、諸神の許に赴くのです」。

「象のように巨大な牡牛をともなう一千頭の牝牛をあなたに贈りましょう」

と、ヴィデーハ王ジャナカは言った。すると、ヤージュニャヴァルクヤ仙が語った。

「父は、「完全に教えないで、贈物を受けてはならぬ」と、わたくしに申しました」と。

〔四〕 仙「もし誰かがあなたに語ったことがありますならば、それをうかがいたいと思います」と。

王「バルク＝ヴァールシュナが余に「眼（視覚）こそ梵である」と語ったことがあります」と。
仙「母のある者・父のある者・師匠のある者が言うように、ヴァールシュナは「見ることのできない者は何も得られない」と考えて、「眼こそ梵である」と言ったのであります。しかし、彼はあなたに梵の休憩処と住処とを語ったでしょうか」。
王「彼はそれを余に語りませんでした」と。
仙「それでは、梵は片足があるだけです。大王よ」と。
王「では、あなたこそ、余にそれを話していただきたい。ヤージュニャヴァルクヤよ」。
仙「眼は梵の休憩処にすぎません。虚空が梵の住処です。真実として、それを尊重していただきたい」。
王「真実の本質は何であるのですか。ヤージュニャヴァルクヤよ」。
仙「眼こそ、それです。大王よ」
と、彼は語った。
「実に、眼によって見ている者に対し、人は「汝は見たか」と言う。彼は「わたしは見た」と言う。それは真実である。眼こそ、大王よ、最高の梵であります。このように知って、この梵を尊重する者を、眼は見捨てることなく、一切の存在は彼のところに集り来り、彼は神となって、諸神の許に近づくのです」。

「象のように巨大な牡牛をともなう一千頭の牝牛をあなたに贈りましょう」と、ヴィデーハ王ジャナカは言った。すると、ヤージュニャヴァルクヤ仙が語った。

「父は「完全に教えないで、贈物を受けてはならぬ」と、わたくしに申しました」と。

〔五〕 仙「もし誰かがあなたに語ったことがありますならば、それをうかがいたいと思います」と。

王「ガルダビーヴィピータ＝バーラドヴァージャが余に「耳（聴覚）こそ梵である」と語ったことがあります」と。

仙「母のある者・父のある者・師匠のある者が言うように、バーラドヴァージャは「聞くことのできない者は何も得られない」と考えて、「耳こそ梵である」と言ったのであります。しかし、彼はあなたに梵の休憩処と住処とを語ったでしょうか」。

王「彼はそれを余に語りませんでした」と。

仙「それでは、梵は片足があるだけです。大王よ」と。

王「では、あなたこそ、余にそれを話していただきたい。ヤージュニャヴァルクヤよ」。

仙「耳は梵の休憩処にすぎません。虚空が梵の住処です。無限として、それを尊重していただきたい」。

王「無限の本質は何であるのですか。ヤージュニャヴァルクヤよ」。

仙「方角こそ、それです。大王よ」

と、彼は語った。

「それ故に、実に、大王よ、いずれの方角に行くとしても、誰も極限に到達することはない。何故なれば、方角は無限であるからである。大王よ、耳は実に方角であります。耳は実に、大王よ、最高の梵であります。このように知って、それを尊重する者を、耳は見捨てることなく、一切の存在は彼のところに集り来り、彼は神となって、諸神の許に近づくのです」。

「象のように巨大な牡牛をともなう一千頭の牝牛をあなたに贈りましょう」

と、ヴィデーハ王ジャナカは言った。すると、ヤージュニャヴァルクヤ仙が語った。

「父は「完全に教えないで、贈物を受けてはならぬ」と、わたくしに申しました」と。

〔六〕仙「もし誰かがあなたに語ったことがありますならば、それをうかがいたいと思います」と。

王「サトヤカーマ゠ジャーバーラが余に「意こそ梵である」と語ったことがあります」

と。

仙「母のある者・父のある者・師匠のある者が言うように、ジャーバーラは「意のない者は何も得られない」と考えて、「意こそ梵である」と語ったのであります。しかし、彼はあなたに梵の休憩処と住処とを語ったでしょうか」。

王「彼はそれを余に語りませんでした」と。

仙「それでは、梵は片足があるだけです。大王よ」と。

王「では、あなたこそ、余にそれを話していただきたい。ヤージュニャヴァルクヤよ」。

仙「意は梵の休憩所にすぎません。虚空が梵の住処です。歓喜として、それを尊重していただきたい」。

王「歓喜の本質は何であるのですか。ヤージュニャヴァルクヤよ」。

仙「意こそ、それです。大王よ」

と、彼は語った。

「意によって、実に、大王よ、人は女子に惹きつけられ、自己によく似た息子は、その女から生れるのです。それが歓喜です。大王よ、意は実に最高の梵であります。このように知って、それを尊重する者を、意は見捨てることなく、一切の存在は彼のところに集り来り、彼は神となって、諸神の許に近づくのです」。

「象のように巨大な牡牛をともなう一千頭の牝牛を、あなたに贈りましょう」

と、ヴィデーハ王ジャナカは言った。すると、ヤージュニャヴァルクヤ仙が語った。

「父はわたくしに『完全に教えないで、贈物を受けてはならぬ』と、申しました」と。

〔七〕**仙**「もし誰かがあなたに語ったことがありますならば、それをうかがいたいと思います」と。

王「ヴィダグダ＝シャーカルヤが余に『心こそ梵である』と語ったことがあります」と。

仙「母のある者・父のある者・師匠のある者が言うように、シャーカルヤは『心のない者は何も得られない』と考えて、『心こそ梵である』と語ったのであります。しかし、彼はあなたに梵の休憩処と住処とを語ったでしょうか」。

王「彼はそれを余に語りませんでした」と。

仙「それでは、梵は片足があるだけです。大王よ」と。

王「では、あなたこそ、余にそれを話していただきたい。ヤージュニャヴァルクヤよ」。

仙「心は梵の休憩処にすぎません。虚空が梵の住処です。安定として、それを尊重していただきたい」。

王「安定の本質は何であるのですか。ヤージュニャヴァルクヤよ」。

仙「心こそ、それです。大王よ」

と、彼は語った。

「心は実に、大王よ、一切の存在の休憩処であります。心は実に、大王よ、一切の存在の住処であります。何故ならば、大王よ、一切の存在は心に安住しているからであります。心は実に最高の梵であります。このように知って、それを尊重する者を、心は見捨てることなく、一切の存在は彼のところに集り来り、彼は神となって、諸神の許に近づくのです」。

「象のように巨大な牡牛をともなう一千頭の牝牛を、あなたに贈りましょう」と、ヴィデーハ王ジャナカは言った。すると、ヤージュニャヴァルクヤ仙が語った。「父はわたくしに「完全に教えないで、贈物を受けてはならぬ」と、申しました」と。

第二節

〔一〕ヴィデーハ王ジャナカは草束の座から立ち上り、恭しく近づいて、言った。「あなたに敬礼し奉る、ヤージュニャヴァルクヤよ。どうか、わたしに教えていただきたい」と。

彼は語った。

「大王よ、あたかも遠い道を行こうとする者が車かまたは舟を用意するように、王はこれらの深秘の教えによって、自我は充足されていられます。このように、衆にぬきんでており、財宝ゆたかで、ヴェーダを習得し、深秘の教えを聴聞されたあなたは、この世から解放されるとき、何処へ行かれるのですか」と。

王「わたしが何処に行くのか、尊師よ、わたしはそれを知りません」と。

仙「では、あなたの行かれるところを、あなたにお話しましょう」と。

王「話してください。尊師よ」と。

〔二〕 **仙**「右眼の中にあるこの人間は実に点火者という名であります。かの点火者である者を、人は神秘的にインドラ(16)と称するにすぎません。何故ならば、神々は神秘を好むようであって、顕現することを嫌うからであります。

〔三〕 次に、左の眼に、人間の形がある。それは彼（インダ）の妻ヴィラージ（「遍く照らす者」の意）である。心臓の内部にあるこの空処は、両人の会合の場処である。また、心臓の内部にあるこの血塊は、両者の食物である。また、心臓の内部にあるこの網状のものは、両者の蒲団である。また、心臓から上方に昇るこの脈管は、両者がともに歩く通路である。あたかも一本の毛髪が千分されたように細い脈管はヒターといわれ、彼（プルシャ＝個人我）のために、心臓の内部に安住している。これらの脈管を通じて、実にこの流動物（＝栄養）は彼のところに流れてくる。従って、彼はこの肉身自体よりも一層精選された食物を摂取するかのようであります。

〔四〕 東方は彼（プルシャ）の前面にある機能（身体の諸器官のはたらき）であり、南方は右側にある諸機能であります。西方は後側の諸機能であり、北方は左側の諸機能でありま す。上方は彼の上部にある諸機能であり、下方は彼の下部にある諸機能であります。すな わち、一切の方角はすべて彼の身体の諸器官の機能なのであります。このアートマンは、 ただ「あらず、あらず」と説かれて理解されます[17]。すなわち、彼は実に不可捉なものです。 何故ならば、彼は捕捉されないからです。彼は不可壊なものです。何故ならば、彼は破壊 されないからです。彼は無染着であります。何故ならば、彼は染着されないからです。彼 は束縛されない者であって、動揺することもなく、毀損されることもありません。ジャナ カ王よ、あなたは実に無畏（心の安らかなこと）に到達されました」

と、ヤージュニャヴァルクヤは語った。そこで、ヴィデーハ王ジャナカが語った。

「ヤージュニャヴァルクヤ仙よ、あなたはわれわれに無畏を教えられた方、尊師よ、あな たにも無畏が来ますように[18]。あなたに敬礼し奉る。ここにヴィデーハ国民がおり、ここに わたくしがおります」と。

第三節

〔一〕ヴィデーハ王ジャナカの許へ、ヤージュニャヴァルクヤが行った。彼は「深秘の教 えについては、今度は語るまい」と考えた。

さて、ヴィデーハ王ジャナカとヤージュニャヴァルクヤがアグニホートラ祭について対談したときに、ヤージュニャヴァルクヤは王に恩典(19)の選択を許した。王は随意質問の恩典を選んだ。かの仙はそれを王に許した。そこで、大王はまず質問をした。

〔一〕 王「ヤージュニャヴァルクヤよ、この人間は何を光とするのか」と。

仙「太陽を光としています。大王よ」と、彼は語った。「人間は太陽だけを光として坐り、動きまわり、行為をし、帰って来るのです」と。

王「まさしく、その通りです。ヤージュニャヴァルクヤよ」。

〔二〕 王「太陽が沈んだとき、ヤージュニャヴァルクヤよ、この人間は何を光とするのですか」と。

仙「月だけが彼の光明であります。彼は月だけを光として坐り、動きまわり、行為をし、帰って来るのです」と。

王「まさしく、その通りです。ヤージュニャヴァルクヤよ」と。

〔四〕 王「太陽は沈み、ヤージュニャヴァルクヤよ、月も沈んだとき、この人間は何を光とするのですか」と。

仙「火こそ彼の光明であります。彼は火だけを光明として坐り、動きまわり、行為をし、帰ってくるのです」と。

王「まさしく、その通りです。ヤージュニャヴァルクヤよ、月も沈み、火の消えたとき、この人間は何を光とするのですか」と。

〔五〕王「太陽が沈み、ヤージュニャヴァルクヤよ、月も沈み、火の消えたとき、この人間は何を光とするのですか」と。

仙「言語こそ彼の光明であります。彼は言語だけを光明として坐り、動きまわり、行為をし、帰ってくるのです。従って、大王よ、まこと自分の手が見わけられぬ場合でも、言語の発せられるところへ近づいてゆくことができるのです」と。

王「まさしく、その通りです。ヤージュニャヴァルクヤよ」と。

〔六〕王「太陽が沈み、ヤージュニャヴァルクヤよ、月も沈み、火も消え、言語も絶えたときに、人間は何を光明とするのか」と。

仙「アートマン（個人我）こそ彼の光明であります。彼はアートマンだけを光明として坐り、動きまわり、行為をし、帰って来るのです」と。

〔七〕王「アートマンとは、如何なるものですか」。

仙「身体の諸器官において認識から成り、心臓の中において内的な光明をもつ、このプルシャ（＝アートマン）は常に同一であって、しかも両界（現世とブラフマンの世界）を往復するのであります。彼は黙然と思考するかのようであり、また火焔のようにひらめくかのようであります。彼は実に睡眠となって、あたかも死が種々の形を超越するのと同じく[20]、この世界を超越するからであります。

〔八〕　このプルシャは生れると肉身に到達し、諸々の悪と結合されます。彼が肉身から脱して死ぬるとき、諸々の悪を捨て去るのであります。

〔九〕　このプルシャは実に二つの状態を持っております。すなわち、この世界とかの世界の状態とであります。睡眠の状態は第三のもので、前二者の中間にあります。この中間の状態にあるとき、彼はこの世界とかの世界との二つの状態を見るのであります。そして、彼はかの世界の状態に進むにつれて、その進行の程度に従って、諸々の悪と歓喜の両者を見るのです[21]。彼が睡るとき、彼はこの世界の一切から小片を採取して、みずから破壊し、みずから建造して、みずからの光輝により、みずからの光明によって、眠るのです。この場合、このプルシャはみずから光明となるのであります。

〔一〇〕　そこには車もなく、車に繋ぐ馬もなく、また道路もありません。そこで、彼はみずから車や車に繋ぐ馬や道路を造るのです。そこには、歓喜も、喜悦も、享楽もありません。そこで、彼はみずから歓喜や喜悦や享楽を造るのです。そこには、泉水も、蓮池も、河川もありません。そこで、彼はみずから泉水や蓮池や河川も造るのです。何故ならば、彼は創造者であるからです。

〔一一〕これに関して、これらの詩頌があります。

睡眠によって肉体に属するものを克服し、
みずから睡ることなく、眠れるものたち（身体の諸器官）を観察する。
黄金より成り、唯一のハンサ鳥(22)であるプルシャは、
浄らかな光を帯びて、再びその状態にかえり来る。

〔一二〕気息によって下方の巣（「身体」の意）を保護し、
不死なる彼は巣の外に出歩き、
黄金より成り、唯一のハンサ鳥であるプルシャは、
不死にして、欲するがままに歩きまわる。

〔一三〕夢の中にて、あるいは上昇し、あるいは下降し、
神である彼は数多くの姿をする。
あるいは女たちとともに遊び戯れつつ笑うかのように、
あるいは、また、諸々の恐怖を見て怖れおののくかのように。

〔一四〕人は彼のすくう森林（身体を意味する）を見るが、誰も彼を見る者はない、と。
「睡った者を急に目覚ましてはならぬ」と、人々は言います。このプルシャが帰ってこない者に対しては、治療法はないのであります。また、実に、「これ（睡眠の状態）は彼（プ

ルシャ）の覚醒の土地である」と言われています。何故ならば、彼が覚醒の状態で見るところのものを、睡眠中にも見るからであります。この場合（睡眠の状態では）、このプルシャはみずから光明となります」。

王「わたしは尊師に一千頭の牛を贈ります。さらに高尚なことを、解脱のために、話していただきたい」と。

〔一五〕仙「彼（プルシャ）は実にこの安静（ここでは「熟睡の状態」の意）の中で享楽し、歩きまわり、福徳と悪とを見て、再び逆行してその出発点に向い、睡眠の状態に馳せ戻るのであります。彼がそこで何かを見たとしても、彼はそれによって追跡されることはありません。何故ならば、このプルシャは無染着であるからであります」と。

王「まさしく、その通りです。ヤージュニャヴァルクヤよ。わたしは尊師に一千頭の牛を贈ります。さらに高尚なことを、解脱のために、話していただきたい」と。

〔一六〕仙「彼は実にこの睡眠の中で享楽し、歩きまわり、福徳と悪とを見て、再び逆行してその出発点に向い、覚醒の状態に馳せ戻るのであります。彼がそこで何かを見たとしても、彼はそれによって追跡されることはありません。何故ならば、このプルシャは無染着であるからであります」と。

王「まさしく、その通りです。ヤージュニャヴァルクヤよ。わたしは尊師に一千頭の牛を贈ります。さらに高尚なことを、解脱のために、話していただきたい」と。

〔一七〕仙「彼は実にこの覚醒の状態において享楽し、歩きまわり、福徳と悪とを見て、再び逆行してその出発点に向い、睡眠の状態に馳せ戻るのであります。

〔一八〕それは、あたかも大魚がこちらとあちらの両岸の間を往復するように、まさしくそのように、このプルシャは睡眠の状態と覚醒の状態の両状態を往復するのであります。

〔一九〕それは、あたかもこの虚空において、鷹あるいは鷲が旋回して飛翔したのち、疲れて両翼を動かさないで巣へ下りてゆくように、まさしくそのように、このプルシャはこの状態（熟睡の状態）へ馳せてゆくのです。そこでは彼は欲望を全く持たず、またどんな夢も見ることはありません。

〔二〇〕彼にはヒターと称するそれらの脈管があり、一本の毛髪の千分の一ほどに微細で、白・青・黄・緑・赤色の液で満たされています。そして、人が彼を殺そうとするかのような場合、また迫害するかのような場合、象が彼を襲撃するかのような場合、また穴に落ちるかのような場合、すなわち、彼が目醒めているときに恐怖と感じることを、ここでも（「夢の中でも」の意）無知である故に恐怖と思うのであります。しかし、彼が神であるかのように、あるいは王であるかのように「われこそこれ（「宇宙」を意味する）である。われは一切である」と思うとき（すなわち、熟睡の状態においては）、それは彼の最高の世界である。

〔二一〕 これこそ実に、欲望を超越し、悪を滅し、恐怖を離れた、彼の姿なのであります。あたかも愛する女性に抱かれた男が外界のものも、内部のものも、全く知らないように、まさにこのプルシャは理智によって観ぜられたアートマン（純粋な認識の主体としてのブラフマン）に抱擁されるとき、外界のものも、内部のものも、全く感知しないのであります。これは実に、欲望を満たして、アートマンだけを希求し、他に欲望がなく、憂い悲しみを離れた、彼の姿なのであります。

〔二二〕 そこにおいては、父は父でなく、母は母でなく、世界は世界でなく、神々は神々でなく、ヴェーダの聖典もヴェーダの聖典ではありません。そこにおいては、盗人も盗人でなく、胎児の殺害者も胎児の殺害者でなく、チャンダーラ（賤民の一種）もチャンダーラでなく、パウルカサ（賤民の一種）もパウルカサでなく、遊行者も遊行者でなく、苦行者も苦行者でないのであります。そこでは福徳もあとを追うことなく、悪も彼のあとを追うことはありません。何故ならば、そのとき彼は心のあらゆる憂い悲しみを超越しているからであります。

〔二三〕 彼（プルシャ）が熟睡の状態において、ものを見ないということは、事実はものを見ていて、しかも見ないのであります。何故ならば、視覚をもつ人の視覚は不滅でありますので、それが喪失することはありません。しかし、彼の見るべき第二のものは、そのほかには別にないのであります。

〔二四〕そのとき彼の匂いを嗅がないということは、事実は嗅いでいて、しかも匂いがないのであります。何故ならば、嗅覚をもつ人の嗅覚は不滅でありますので、それが喪失することはありません。しかし、彼が嗅ぐべき第二のものは、そのほかには別にないのであります。

〔二五〕そのとき彼が味わわないということは、事実は味わっていて、しかも味わわないのであります。何故ならば、味覚のある人の味覚は不滅でありますので、それが喪失することはありません。しかし、彼の味わうべき第二のものは、そのほかには別にないのであります。

〔二六〕そのとき彼は語らないということは、事実は語っていて、しかも語らないのであります。何故ならば、語る人の言語は不滅でありますので、それが喪失することはありません。しかし、彼が言うべき第二のものは、そのほかには別にないのであります。

〔二七〕そのとき彼が聴かないということは、事実は聴いていて、しかも聴かないのであります。何故ならば、聴く人の聴覚は不滅でありますので、それが喪失することはありません。しかし、彼が聴くべき第二のものは、そのほかに別にないのであります。

〔二八〕　そのとき彼が思考していないということは、事実は思考していて、しかも思考していないのであります。何故ならば、思考する人の思考力は不滅でありますので、それが喪失することはありません。しかし、彼が思考すべき第二のものは、そのほかには別にないのであります。

〔二九〕　そのとき彼が触《さわ》らないということは、事実は触っていて、しかも触っていないのであります。何故ならば、触る人の触覚は不滅でありますので、それが喪失することはありません。しかし、彼が触るべき第二のものは、そのほかには別にないのであります。

〔三〇〕　そのとき彼が認識しないということは、事実は認識していて、しかも認識していないのであります。何故ならば、認識する人の認識力は不滅でありますので、それが喪失することはありません。しかし、彼が認識すべき第二のものは、そのほかに別にないのであります。

〔三一〕　他のものがあるかのような場合に、そこに一方が他方を見ることができよう。一方が他方を嗅ぐをえよう。一方が他方を味わいえよう。一方が他方について語ることができよう。一方が他方を聞くをえよう。一方が他方を思考しえよう。一方が他方に触りえようし、一方が他方を認識することができよう。

〔三二〕　彼は水波の中において二人とない唯一の見る者(23)（「根本原理」を意味する）であり

ます。かのブラフマンの世界は、大王よ」

と、ヤージュニャヴァルクヤが彼（ヴィデーハ王ジャナカ）に教えた。

仙「これは彼の最高の目的地であり、これは彼の最高の願望成就であり、これは彼の最高の世界であります。それは彼の最高の歓喜であります。他の生類はこの歓喜の小片によって生きているにすぎません。

〔三三〕人々の中で成功し、富裕となり、他の人々を支配し、あらゆる人間の享楽を完全に享受する人があるならば、彼は人間の中で最高の歓喜であります。しかし、人間の百の歓喜は、みずからその世界を征服した祖霊たちの一つの歓喜にすぎません。しかも、みずからその世界を征服しえた祖霊たちの百の歓喜も、ガンダルヴァ[24]の世界ではただ一つの歓喜であります。また、ガンダルヴァ世界における百の歓喜も、みずからの行為によって神性をかちえたカルマ＝デーヴァ[25]たちの一つの歓喜にすぎません。また、カルマ＝デーヴァたちの百の歓喜も、本来の神々と虚偽なく愛欲にとらわれないヴェーダの学匠[26]の一つの歓喜にすぎません。また、本来の神々の百の歓喜は、プラジャー＝パティ（創造主）の世界における一つの歓喜、また虚偽なく愛欲にとらわれないヴェーダの学匠のそれにすぎません。また、プラジャー＝パティの世界における百の歓喜は、ブラフマンの世界における一つの歓喜、また虚偽なく愛欲にとらわれないヴェーダの学匠のそれにすぎません。そして、それこそ最高の歓喜であり、それはブラフマンの世界であります。大王よ」と、ヤージュニャヴァルクヤは語った。

王「わたしは尊師に一千頭の牛を贈ります。さらに高尚なことを、解脱のために、話していただきたい」と。

ここにおいて、ヤージュニャヴァルクヤは怖れた。

仙「賢明な王は、わたしをあらゆる隠処《かくれが》より追い出した(27)」と。

〔三四〕 仙「彼は実にこの睡眠の中で享楽し、歩きまわり、福徳と悪とを見て、再び逆行してその出発点に向い、覚醒の状態に馳せ戻るのであります。

〔三五〕 あたかも重い荷物を積んだ車がきしりながら行くように、まさしくこの肉身にあるアートマンは、人間が最後の息をひきとろうとするとき、理智によって観ぜられたアートマンを載せて、きしりながら行くのであります。

〔三六〕 彼が衰弱するとき、老齢のためあるいは病気のために衰弱するとき、あたかもアームラやウドゥンバラやピッパラの実が熟して枝から離れ落ちるように、まさしくこのプルシャは彼の諸肢から離れて、再び逆行して、その出発点に向い、生気に馳せ戻るのであります。

〔三七〕 あたかも王者が近づいてくるとき、「彼が来る、彼が近づく」と言って、大官たち、警吏たち、御者や村長たちが種々の食物・飲物・幕舎などを用意して奉仕するように、まさしく一切の生類は「このブラフマンが来る。それが近づく」と言って、このように知る者（「解脱した者」の意）に奉仕する。

〔三八〕　あたかも王者が出遊しようとするときに、大官たち、警吏たち、御者・村長たちがその周囲に集って来るように、まさしく人が最後の息をひきとろうとする臨終の際には、すべての機能はこのアートマンの周囲に集るのであります。

第四節

〔一〕　このアートマンが無力におちいり、あたかも惑乱におちいるかのような場合、これらの諸機能はその周囲に集って来るのであります。彼はこれらの体熱の極微分子を摂取しながら、心臓に降下するのであります。この眼のプルシャ（視覚の主体）が、外界の対象に背を向けて反転するとき、彼は形を識知しえない者となります。

〔二〕　このとき、「彼は一となり、彼は見ることはない」と、人々は言います。「彼は一となり、彼は匂いを嗅ぐことはない」と人々は言います。「彼は一となり、彼は味わうことはない」と、人々は言います。「彼は一となり、彼は語ることはない」と、人々は言います。「彼は一となり、彼は聴くことはない」と、人々は言います。「彼は一となり、彼は思考することはない」と、人々は言います。「彼は一となり、彼は触ることはない」と、人々は言います。「彼は一となり、彼は識別することはない」と、人々は言います。彼のこの心臓の先端は輝き、その輝きとともに、このアートマンは眼から、あるいは頭から、あるいは他の身体の部分から、外部に出るのであります。その出てゆくとき、生気はそのあとに従って出てゆきます。生気の出てゆくとき、すべての機能もそのあとに従って出てゆきます。彼は認識をもつものとなり、認識をもつ者（アートマン）のあとに続いて出るのであります。識知する能力と業《ごう》と、そして前世を洞察する理智とは、彼にしがみついて出てゆきます。

〔三〕　あたかも草の葉につく蛭《ひる》が葉の尖端に達し、他の草の葉にとりついて、その身を縮めてその葉にうつろうとするように、まさしくこのアートマンはこの肉身を捨て、識知する力のない状態を離れて、別のものにとりついて、その身を収縮して、それに乗り移るのであります。

〔四〕　あたかも刺繡する女が刺繡の一部を取り去って、別に一層新らしく一層美麗な模様を作りだすのと同じく、まさしくこのアートマンはこの肉身を捨て、識知する力のない状態を離れ、別に一層新らしく一層美麗な、祖霊の、あるいはガンダルヴァの、あるいは神の、あるいはプラジャー＝パティの、あるいはブラフマン神の、あるいはその他の生類たちの形となるのであります。

〔五〕　このアートマンは実にブラフマンであります。認識から成るものであり、意から成るもの・生気から成るもの・眼から成るもの・耳から成るもの・地より成るもの・水より成るもの・風より成るもの・虚空より成るもの・光輝より成るもの・暗黒より成るもの・欲望より成るもの・無欲より成るもの・憤怒より成るもの・無憤怒より成るもの・正義より成るもの・不正義より成るもの、すなわち一切より成るものであります。従って、それは「これより成るものであり、あれより成るものである」といわれるのであります。すなわち、それはその拠りどころとしていた人間の行為に従い、行動に従って、その通りになります。すなわち、善行の者は善人となり、悪行の者は悪人となります。福徳ある人は福徳の業《ごう》によって生じ、悪人は悪業によって生ずるのであります。こうして、人々は「このプルシャはまさしく欲望から成る」と言います。彼は欲望のままにそれを意図する者となり、その意図のままにそれを行為にあらわし、その行為をなすとき、その行為に相応した果を得るのです。

〔六〕　従って、このような詩頌があります。

それ故にこそ、執着のある人は、業《ごう》とともに、

彼の性向と意とがしがみつく処に赴く。

この世においていかなることを作しても、
その業の極限に到達したとき、
彼は再び、新たに業を積むため、
かの世界よりこの世界に帰り来る。

以上は、欲望をもつ者に関することであります。ところで、欲望をもたない者、欲望なく、欲望をはなれ、また欲望を満足させ、アートマンのみを欲する者の場合には、彼の諸機能は出てゆかないのであります。彼はブラフマンそのものであり、ブラフマンと合一します。

〔七〕従って、このような詩頌があります。

彼の心に拠る欲望が
すべて除き去られるとき、
死すべき人間は不死となり、
この世においてブラフマンに達す、と。

あたかも蛇の脱殻《ぬけがら》が生命なく脱ぎ捨てられて、蟻塚の上に横たわっているように、まさしくこの肉身は横たわっています。そして、この肉身のない不死の生気はまさしくブラフマンであり、まさしく光輝であります。大王よ」。

王「わたしは尊師に一千頭の牛を贈ります」

と、ヴィデーハ王ジャナカは語った。

〔八〕仙「従って、このような詩頌があります。

隠微ではあるが、太古の道は延びて、

わたくしに達しており、わたくしのみが探りだすところ。

賢明でブラフマンを知る者は、この道を通って、

解脱して、この世から昇って、天界に達する。

〔九〕「この道には、白色また青色、黄色の、

緑色また赤色の液がある」と、人は言う。

この道はブラフマンによって探りだされ、

ブラフマンを知る者・福徳をなす者・光輝となった者は、

この道を通って行く。

〔一〇〕識知する力のない状態に耽溺する者たちは、

暗黒と闇に陥る。

また、誤った諸々の学識に満足する輩は、

さらに甚だしい暗黒と闇に陥る。

〔一一〕それらの世界は無歓喜と名づけられ、
暗黒と闇に覆われている。
識知する力なく悟らない人々は、
死んだのち、これらの世界に赴く。
〔一二〕もし人がアートマンを認識し、
「自分はこれである」と知るならば、
何を望み、何のために、
肉身に執着して苦しむであろうか。
〔一三〕この肉身の底にある洞窟に入りこんだ
アートマンを探りだして確認した人は、
彼は一切をなす者である。彼は一切の創造者であるから。
世界は彼のものであり、彼はまた世界そのものである。
〔一四〕われわれはこの世にありながら、それを知る。
そうでなければ、無知と大破滅があろう。
そのことを知る人々は不死となり、
そして他の者たちはまさに苦悩に赴く。

〔一五〕　このアートマンを神とし、
過去と未来の支配者として、
正しく認めるとき、
人はそれから退避することはない。
〔一六〕　その前において、歳は
日々とともに回転する。
それを神々は、光明の中の光明とし、
不死の生命として、それに侍坐する。
〔一七〕　その中に、五族㉘と
虚空とが安住するもの、
それこそ不死のアートマンであると、わたくしは思う。
それは識知する力をもち、不死のブラフマンである。
〔一八〕　気息の真髄、また眼の真髄、
さらには耳の真髄、
そして意の真髄を知る者たちは、
太古の最初のブラフマンを知る人である。

〔一九〕「この世には、多様性は全くない」と、
意によってのみ観察しえられる。
この世において多様性だけを見る人は、
死から死に達する。
〔二〇〕この不滅で永遠に存在するものは、
ただ一つの方法によってのみ観察される。
アートマンは穢れなく、虚空を超越し、
不生で、偉大であり、永遠に存在する。
〔二一〕賢明な婆羅門は、それ（アートマン）を識別し、
理智を働かすべきである。
多くの言葉を考察すべきではない。
それは実に言語を疲労させるだけである。
〔二二〕この偉大で不生のアートマンは、実に諸機能の中において識別から成るものであります。一切の支配者であり、一切の君主であり、一切の統率者であるそれは、心臓中にある空処、そこに横たわっています。彼は善業によって大とならず、また悪業によって小となることはありません。彼は一切の君主であり、この世に存在する者の統率者であり、

彼はこの世に存在する者の守護者であります。彼はこれらの諸世界が分裂しないように、それらを繋ぐ橋であります。婆羅門はヴェーダの学習により、祭祀により、布施により、苦行により、また断食により、それを識知したいと欲します。これさえ知れば、彼は聖者となります。この世界（アートマンをさす）を希求しながら、遊行者は遊行するのであります。古昔の人々は実にこのことを識知して、

「このアートマンすなわちこの世界がわれらのものであるのに、子孫を持って、なんの役にたとう」

と、子孫を望みませんでした。かれらは息子を得ようとする熱望、財宝を獲たいという願望、そして世間に対する欲求から離脱して、食物を乞う生活を送るのであります。息子を得たいという熱望は実に財宝を得たいという願望にほかならず、財宝を得たいという願望はまさに世間に対する欲求であるからであり、この両者は実に欲望にほかならないからであります。このアートマンは、ただ「あらず、あらず」と説かれて理解されます。すなわち、彼は実に不可捉なものです。何故ならば、彼は捕捉されないからです。彼は不可壊なものです。何故ならば、彼は破壊されないからです。彼は無染着であります。何故ならば、彼は染着されないからです。彼は束縛されない者であって、動揺することもなく、毀損されることもありません。「その故に、わたしは悪をなした」ということも、「その故に、わ

たしは福徳をなした」ということも、いずれも彼を越えることはありません。かえって、彼はこの両者を越えるのでありまして、彼のしたこととしなかったことの両者は、彼を熱することはないのであります。

〔二三〕 従って、このことは讃誦によって述べられています。

それは婆羅門の永遠な偉大さであり、
業《ごう》によって増大することなく、また減少することもない。
その足跡を探ね知るべきである。それを知るとき、
悪業に汚染されることはない、と。

その故に、このように知る者は、心の惑うことなく、平静で、落着いており忍耐づよく、心の統一した者となり、自己の中にアートマンを視、一切をアートマンと視るのでありま す。彼を悪が征服することなく、彼は一切の悪を征服します。彼を悪が焼きつくすことなく、彼は一切の悪を焼きつくします。彼は悪を去り、穢れをおとし、疑惑のなくなった真の婆羅門となります。それはブラフマンの世界であります、大王よ。あなたは、いま、その世界に到達させられました」と、ヤージュニャヴァルクヤが語った。

王「わたしは尊師にヴィデーハの国民とわたし自身を一緒にあなたに贈り、奴隷としてあなたに奉仕します」と。

〔二四〕 これは実に偉大で不生のアートマンで、食物をくらい、財産を贈る者である。このように知る者は財産を得る。

〔二五〕 これは実に偉大で不生のアートマンで、不老・不滅・不死であり、無畏《むい》であり、ブラフマンである。ブラフマンは実に無畏である。何故ならばこのように知る者は実に無畏のブラフマンとなるからである。

第五節

〔一〕 さて、ヤージュニャヴァルクヤ仙に、マイトレーイーとカートヤーヤニーという二人の妻があった。両人の中でマイトレーイーはブラフマンについて語ることのできる人で、カートヤーヤニーは普通の女の理性の持主にすぎなかった。

ところで、ヤージュニャヴァルクヤが他の生活（遊行者としての生活）を送ろうとし、

〔二〕 「マイトレーイーよ」

と、ヤージュニャヴァルクヤが言った。

「ああ、わたしはこの生活環境（家長としての生活）から離れて、遊行者になりたいと思う。そこで、おまえとカートヤーヤニーとのために、決定（財産の分配）を行いたい」と。

〔三〕 そこで、マイトレーイーが言った。

「あなた、この財宝の充満した土地がすべて妾《わたし》の所有になったとき、妾はそれによって不死となりましょうか。それとも、不死にならないのでしょうか」。

「不死とはならない」

と、ヤージュニャヴァルクヤは言った。

「財産のある人々の生活と全く同じ生活を、そなたはするであろう。しかし、財宝によって、不死を得る望みはない」と。

〔四〕 そこで、マイトレーイーが言った。

「それによって妾が不死になりえないようなものを頂いたとて、それが妾になにになりましょう。世に尊いあなたが知っていられることをこそ、妾に話していただきたい」と。

〔五〕 そこで、ヤージュニャヴァルクヤが言った。

「おまえは実にわたしの愛する妻だが、いま、この言葉を聴いて、愛《いと》しさが一層増大した。それでは、愛する妻よ、おまえにそれを語ろう。だが、わたしが述べているあいだ、ほかのことを考えてはならぬ」と。

〔六〕 そこで、彼は語った。

「ああ、実に夫への愛情があるために、夫がいとしいのではない。そうではなくて、自身を愛するが故に、夫がいとしいのである。

ああ、実に妻への愛情があるために、妻がいとしいのではない。そうではなくて、自身を愛するが故に、妻がいとしいのである。

ああ、実に息子たちへの愛情があるために、息子たちがいとしいのではない。そうではなくて、自身を愛するが故に、息子たちがいとしいのである。

ああ、実に財産への欲求があるために、財産が好ましいのではない。そうではなくて、自身を愛するが故に、財産が好ましいのである。

ああ、実に家畜たちに対して愛情があるために、家畜たちが可愛いのではない。そうではなくて、自身を愛するが故に、家畜たちが可愛いのである。

ああ、実に婆羅門《バラモン》に対して敬愛の心があるために、婆羅門を敬愛するのではない。そうではなくて、自身を愛するが故に、婆羅門を敬愛するのである。

ああ、実に王族階級の者に対して敬愛の心があるために、王族階級の者を敬愛するのではない。そうではなくて、自身を愛するが故に、王族階級の者を敬愛するのである。

ああ、実に世間に対して愛情があるがために、世間を愛するのではない。そうではなくて、自身を愛するが故に、世間を愛するのである。

ああ、実に神々に対して尊敬の心があるために、神々を尊敬するのではない。そうではなくて、自身を愛するが故に、神々を尊敬するのである。

ああ、実にヴェーダ聖典に対して尊重する心があるために、ヴェーダ聖典を尊重するのではない。そうではなくて、自身を愛するが故に、ヴェーダ聖典を尊重するのである。ああ、実にこの世に存在するものどもに対して愛情があるために、それらのものを愛するのではない。そうではなくて、自身を愛するが故に、この世に存在するものどもを愛するのである。

ああ、実に一切に対して愛情があるために、一切のものが好ましいのではない。そうではなくて、自身を愛するが故に、一切のものが好ましいのである。

ああ、アートマンは視られるべきであり、聞かれるべきであり、思考されるべきであり、瞑想されるべきである。マイトレーイーよ。実に、ああ、アートマンが視られ、聞かれ、思考され、瞑想されたとき、この一切は識知されたのである。

〔七〕アートマンのほかに婆羅門の権威があると知る者を、婆羅門の権威は見捨てる。アートマンのほかに王権があると知る者を、王権は見捨てる。アートマンのほかに諸々の世界があると知る者を、諸々の世界は見捨てる。アートマンのほかに神々があると知る者を、神々は見捨てる。アートマンのほかにヴェーダ聖典を知る者を、ヴェーダ聖典は見捨てる。アートマンのほかにこの世に存在するものどもがあると知る者を、この世に存在するものどもは見捨てる。アートマンのほかに一切を知る者を、一切は見捨てるのだ。このアートマンは、この婆羅門の権威であり、この王権であり、これら諸々の世界であり、これらの神々であり、これらのヴェーダ聖典であり、これらのこの世に存在するものどもであり、この一切である。

〔八〕あたかも、太鼓が打ち鳴らされるとき、外部に轟く音を捕えることは不可能であるが、太鼓あるいは鼓手を捕えることによって、その音が捕捉されるように、

〔九〕あたかも、法螺貝が吹き鳴らされるとき、外部に響きわたる音を捕えることは不可能であるが、法螺貝あるいはそれを吹く者を捕えることによって、その音が捕捉されるように、

〔一〇〕あたかも、琵琶が奏でられるとき、外部に聞こえる音を捕えることは不可能であるが、琵琶あるいはその弾奏者を捕えることによって、その音が捕捉されるように、

〔一一〕あたかも湿った薪で火が燃やされるとき、煙が別々の方向に立ちのぼるように、ああ、まさしくそのように、『リグ＝ヴェーダ』、『ヤジュル＝ヴェーダ』、『サーマ＝ヴェーダ』、『アタルヴァ＝アンギラス』（『アタルヴァ＝ヴェーダ』）、史伝、古譚、諸々の学問、ウパニシャッド文献諸々の詩頌、諸々の祭式綱要書、諸々の釈義書・解説書、祭式、供物、食物、飲料、そしてこの世界とあの世界、そしてこの世に存在する一切のものは、この偉大なる存在（アートマンを意味する）の吐きだしたものである。これら一切のものは、彼だ

けが吐きだしたものである。

〔一二〕　あたかも、海がすべての水の合一するところであるように、まさにこのように皮膚は一切の触感の合一するところであり、このように両鼻孔は一切の匂いの合一するところである。また、このように舌は一切の味の合一するところであり、このように眼は一切の形の合一するところである。このように耳は一切の音の合一するところであり、このように意は一切の思考の合一するところである。さらに、このように心は一切の学問の合一するところであり、このように両手は一切の行為の合一するところであり、このように陰部は一切の歓喜の合一するところであり、このように肛門は一切の排泄の合一するところである。このように両足は一切の歩行の合一するところであり、このように言語は一切のヴェーダ聖典の合一するところである。

〔一三〕　あたかも、塩の塊りが内外の区別なく、すべて味の塊りであるように、ああ、まさしくそのように、このアートマンは内外の区別なく、すべて理智の力の塊りである。それは人の死後にこれらの諸要素（肉身を構成する物質的要素）から出て、それらを消滅させるのだ。その故に、死後には意識はないと、ああ、わたしは言うのだ」と、ヤージュニャヴァルクヤは語った。

〔一四〕　そこで、マイトレーイーが言った。

「世に尊ばれるあなたは、この点について妾を混乱の状態に陥らされました。妾はこれ（アートマン）を識別することができません」と。

そこで、彼が言った。

「ああ、わたしは混乱させることを語っているのではない。ああ、このアートマンは実に不滅であり、不壊であることがその本性なのである。

〔一五〕 何故ならば、いわば相対するものの存在する場合、一は他を視、一は他を嗅ぎ、一は他を味わい、一は他に語りかけ、一は他を聴き、一は他を思考し、一は他に触れ、一は他を識別するのである。しかし、ある人にとって一切がアートマンとなった場合、彼は如何《いか》なるものによって如何なるものを視るというのであろうか。彼は如何なるものによって如何なるものを嗅ぐというのであろうか。彼は如何なるものによって如何なるものを味わうというのであろうか。彼は如何なるものによって如何なるものに語りかけるというのであろうか。彼は如何なるものによって如何なるものを聴くというのであろうか。彼は如何なるものによって如何なるものを思考するというのであろうか。彼は如何なるものによって如何なるものに触れるというのであろうか。彼は如何なるものによって如何なるものを識別するというのであろうか。この一切を識別するに用いられるもの、それを如何なるもので識別しえようか。それはただ「あらず、あらず」と説かれるのだ。それは不可捉であるが、その訳はそれが捕捉されないからである。それは不可壊であるが、その訳はそれが破壊されないからである。それは無染着であるが、その訳はそれが染着されないからである。それは束縛されることなく、動揺せず、また毀損されない。ああ、識別する者（純粋認識の主体であるアートマン）を如何なるものが識別しえようか。このように、おまえは教えられているのだ、マイトレーイーよ。実に不死の状態とはこのようであるのだ」と語って、ヤージュニャヴァルクヤは家を出ていった。

第六節

（師資相承の次第）省略

カタ＝ウパニシャッド（全）

第一章

〔一〕ヴァージャシュラヴァスの子ウシャット[1]は、実に全財産を布施として喜捨した。彼にナチケータス[2]という息子があった。

〔二〕布施の牝牛が連れ去られたとき、ナチケータスは未だ幼児であったが、彼の心に熱望が起った。彼は考えた。

〔三〕「乳を搾られつくし仔を生む力もなくなり、ただ水を飲み、草をくらうだけの牝牛でも、それを喜捨する人の行く諸世界は「歓喜」[3]と名づけられる」。

〔四〕そこで、彼は父に「父上、あなたはわたしを誰に贈るのですか」と、語った。[4] そして、二度、三度、このように訊ねた。父は彼に「死の神[5]に贈るのだ」と、語った。

〔五〕「多く[6]の人々[7]の真先きに、わたしは到着した。多くの人々[8]と一緒に、わたしは到着した。ヤマが今日わたしによってなそうとすることは、はたして如何なることであろうか」。

〔六〕「過去[9]の人々がどのようになったか、見渡せ。後から行く人々がどのようになるか、よく見よ。[10]死をまぬがれぬ人間は種子のように成熟し、種子のように再び生れる[11]」。

〔七〕婆羅門《バラモン》が賓客となるのは、祭火が家々に入るのと同じである。「ヴィヴァスヴァットの子[12]よ、洗足の水を持参せよ」と、人々は彼を宥《なだ》めるために、もてなしをなす。

〔八〕婆羅門は、愚か者の家に逗留して饗応されないときは、彼の希望と期待、友情、交際、祭祀と善き行為の功徳、すべての息子たちと家畜ども、そのすべてを奪い去る。

〔九〕「婆羅門よ、尊敬すべき賓客であるにもかかわらず、あなたは三夜のあいだ食事もなさらずに、わが家に逗留された。婆羅門よ、あなたに敬礼し奉る。なにとぞ、われを宥《ゆう》恕《じょ》されよ。されば、その償いとして、三つの恩典を選びたまえ[13]」。

〔一〇〕ナ「わが父ガウタマ仙は、心が穏かに、悪意なく、またわたくしのことを思いわずらうことはないでしょう。死の神よ。わたくしがあなたから解放されたとき、悦んで、わたくしを迎えてほしいのです。これを三つの恩典の第一に、わたくしは選びます」。

〔一一〕ヤマ「息子のあなたが還ってゆけば、父上は昔のように悦ばれるでしょう。ウッダーラカ＝アールニ仙の息子であるあなたは、既にわたしから解放されたのです。死の神の口より免れたあなたを見て、父上は思いわずらうこともなく、夜にはぐっすりとやすまれましょう」。

〔一二〕 ナ「天上界においては、如何なる恐怖もない。そこには、死の神も居らず、死を人は怖れない。飢と渇の二つを抑え、憂苦を越えて、人は天上界において愉しむ。

〔一三〕 君は祭火が天上に導くことを知っている。死の神よ、熱望するわたくしに、それを語りたまえ。天上界に住む人々は不死を享受する。わたくしはこのことの第二の恩典として選ぶ」。

〔一四〕 ヤマ「君にそのことを話そう。ナチケータスよ、祭火が天上に導くことを知るわたしの言葉を注意深く聴け。そして、それが永遠の世界に通ずる途であり、その基礎であり、またそれが秘密の場処に置かれていることを知れ」。

〔一五〕 ヤマは彼に世界の最初であるかの火のことを語った。また、その火を燃やすための炉を築くのに、如何なる煉瓦が必要であり、その数がいくばくで、その配置の仕方を教えた。ナチケータスはその言葉を一語一語復唱した。そこで、死の神は満足し、再び語った。

〔一六〕 偉大な心の持主(14)は愛情をもって彼に語った、「ナチケータスよ、今、ここで、余はそなたに恩典をもう一つ与えよう。この祭火は、今後、そなたの名で呼ばれよう。また、この種々の形をした鎖(15)を取れ。

〔一七〕 三種のナーチケータ祭火の火壇(16)を築く者は三者(17)と結合し、三種の聖業(18)を行い、生死を超越する。彼は、祀るべき神を知り、梵より生じたものを知る者を観じて、彼は永遠の寂静に赴く(19)。

〔一八〕 三種のナーチケータ祭火の火壇を築き、この三者を知って、前述のように知ってナーチケータ祭火壇を築く者は、眼の前で死の神の索縄を駆除し、憂苦を越えて、天上界において愉しむ。

〔一九〕 ナチケータスよ、天上に導くかの火はそなたのものである。そなたは、それを、第二の恩典によって選んだのだ。人々はこの火こそそなたのものであると宣言するであろう。ナチケータスよ、第三の恩典を選べ」。

〔二〇〕 ナ「死者に関して、この疑惑があります。ある人々は「彼は居る」と言い、また別の人々は「彼は居ない」と言う。あなたに教えられて、わたくしはそれを知りたい。これが、わたくしが望んでいる第三の恩典です」。

〔二一〕 ヤマ「この点に関して、神々もまた曾て疑惑を持ったことがあり、実に知り易いことではない。このことは微妙である。ナチケータスよ、別の恩典を選べ。わたしを悩ますなかれ。わたしをその問題から解放しておくれ」。

〔二二〕ナ「この点に関して、まこと神々も疑惑を持たれたとは。そして、死の神よ、「それは知り易いことではない」と、あなたは言われた。しかも、この問題を教える人として、あなたのような方は、ほかに得られないのです。また、この恩典に匹敵するものは、ほかになにもないのです」。

〔二三〕ヤマ「息子や孫たちが百歳の寿命を保つことを望め。家畜ども、象、黄金、馬などの多いことを望め。大地の大きな地域を選ぶがよい。また、みずから、望むかぎりの歳月のあいだ、生き永らえるがよい。

〔二四〕もし富と長寿とがかの恩典と同じ価値であると、そなたが考えるならば、それを恩典として選べ。ナチケータスよ、そなたは広大な土地を得て、栄えよ。わたしはそなたをあらゆる愛欲を享受する者としよう。

〔二五〕人間の世界において得がたい愛欲のどれであれ、そなたはそれら愛欲のすべてを思いのままに望め。車駕に乗り、音楽を奏でる、この美女たちを見よ。このような美女は実に人間どもには得られないのだ。わたしが与えるこれらの美女たちと遊び戯れよ。ナチケータスよ、死について訊ねてはならぬ」。

〔二六〕ナ「それらは人間にとって果《はか》ないものであり、死の神よ、すべての感官の力を消耗させるものです。また、そのために、あらゆる寿命はまこと短くなるのです。車駕はまさしくあなたのものです。歌舞もあなたのものです。

〔二七〕人間は財産のみで満足するものではありません。あなたを見て、われわれは財宝を得ようとするでしょうか。死の神であるあなたが支配するかぎり、われわれは永久に生きえられるでしょうか。しかし、それこそ、わたしが選ぶべき恩典です。

〔二八〕神々の不老不死を知りながらも、みずからの老いてゆくのを自覚し、みずからの弱い立場を知り、美貌と性愛のよろこびの果なさを思いめぐらすとき、如何なる人間があまりにも長寿することを娯《たのし》むであろうか。

〔二九〕この世において人々が疑うこと、死の神よ、大変遷(20)に際して起ること、それをわれわれに語りたまえ。この恩典は陰処に入りこんでしまいました。しかし、ナチケータスはそれよりほかのものを選ぶことができません」。

第二章

〔一〕ヤマ「一方に精神的な幸福があり、他方に肉体的な快楽がある。両者は目的を異にするが、人間を束縛する。それらの中で、精神的な幸福を取る者は善いことがあり、肉体的な快楽を選ぶ者は人生の目的を失う。

〔二〕精神的な幸福と肉体的な快楽とは、いずれも人間に近づく。賢者は両者を審《つまびら》かに吟味して、両者の差別を判断する。実に賢人は肉体的快楽よりも精神的な幸福を選び、愚者は心の平安よりも肉体的な快楽を選ぶ。

〔三〕そなたは、ナチケータスよ、好ましい愛欲と好ましく見える愛欲とを熟慮して、それらを拒絶した。また、多くの人々が耽溺する、かの財宝の鎖を受けとらなかった。

〔四〕無智と智識として知られていることとは、全く異なっていて、互に遠く離れている。ナチケータスは智識を希求する者と、わたしは考える。いかに多くの愛欲も、そなたを惑わすことはない。

〔五〕無智の中に生活をして、みずから賢者をもって任じ、学識ありと考える愚者は、あたかも盲人に道案内される盲人さながらに、あちらこちらを走りまわるのだ。

〔六〕財産の妄想に取憑《とりつ》かれて派手に振舞う放埒な愚か者には、大変遷（死）は理解されない。「この世界のみあって、かの世界なし」と考えて、そのような男は再三わが支配下に入る。

〔七〕多くの人々にとって聴くことさえ不可能なもの、(21) たとい聴いたとしても多くの人々の知りえないもの、(21) それを語る人はまれであり、それを得る人はまことに賢者である。賢者に教えられて、それを知る人、またまれである。

〔八〕　この問題に通暁していない人に教えられたとき、たとい幾度も熟慮したとしても、それ(22)は容易に理解されない。しかも、他人から教えられなくては、そこに到達する道はない。それは微量よりもさらに微であり、思考しえられないものであるからである。

〔九〕　そなたが到達したこの教理は、自身の思考だけでは達せられないのだ。他人に教えられてこそ、理解し易いのだ。愛児よ。そなたはまこと真理(23)を堅固に守る者、そなたのように質問者は、ナチケータスよ、二度とないであろう。

〔一〇〕　わたしは財宝(24)が無常であることを知っている。かの不動なもの(25)は決して不動でないものによっては得られないからである。従って、わたしはナーチケータ火壇を築いたのである。無常の物質(26)によって、わたしは常住のもの(25)に到達したのである。

〔一一〕　愛欲の満足、人間世界の基礎(27)、祭祀の無限の果報、恐怖なき彼岸の世界(28)を、讃嘆によって偉大なる広き土地(29)を真の基礎と観じて、賢者であるそなたは断乎として捨て去った。

〔一二〕　暗やみに入りこんで、秘かに匿《かく》れ、太古以来深淵にひそんで姿の見がたい者(30)を、賢者は自我に関する心の統一を達成することによって、神と認め、喜びと悲みの二者を捨てる。

〔一三〕　このことを聴き、完全に了解したのち、また完全に解放されて、その微妙な特性を理解したのち、人間は歓喜に値いするもの[31]を得て歓喜する。わたしはナチケータスこそ開放された座席[32]であると考える」。

〔一四〕ナ「正義とも異なり、不正とも異なり、為されたこと・為されないこととも異なり、また過去とも未来とも異なると[33]、あなたが見るもの、それを語っていただきたい」。

〔一五〕ヤマ「すべてのヴェーダの聖典が教える語、また一切の苦行の語る語、それを欲して人が梵行《ぼんぎょう》[34]を行う語、その語をそなたにわたしは要約して告げよう。それはオーム[35]という語である。

〔一六〕なんとなれば、この綴[36]はブラフマンであるからである。この綴こそ、実に最高である。まこと、この綴だけを知るとき、人は欲するものを所有することができるからである。

〔一七〕それは最も勝れた支柱であり、それは最高の支柱である。この支柱を知るとき、人はブラフマンの世界において栄光を享受する。

〔一八〕この知者[37]は生れることなく、また死ぬことなし。彼はいずこより来ることなく、如何なるものにもなることはない。この古昔以来のものは生れず、無窮で、永遠である。たとい肉身は殺されても、殺されることはない。

〔一九〕殺人者が殺そうと思い、殺された者が個人我まで殺されたと思うても、両者はともに知らないのだ。このもの(38)は殺さず、殺されることもない。

〔二〇〕極微よりも微少であり、最大なるものより大きいアートマンは、この生類の胸の奥深くに隠れている。憂苦を去り、祭祀を行わない者は、創造者の恩寵により、アートマンの偉大さを見る。
〔二一〕坐っていて、それ(39)は遠くに赴き、臥していて、それは随処に行く。わたし以外の誰が、歓喜であり非歓喜であるかの神(40)を知るに値いしようか。
〔二二〕アートマンは、肉身の中にあって肉身がなく、不安定なものの中にあって安定しており、偉大で、あまねく滲透していると考えて、賢者は悲まない。
〔二三〕このアートマンは解説によっても理解されることなく、天分によっても、はたまた多方面にわたる学殖によっても、得られない。それは、その選ぶ人のみに得られ、その人だけにかのアートマンは自己の姿を現わす。
〔二四〕悪い行為を止めない者、心の平静でない者、心の統一していない者、あるいはまた意志の穏健でない者は、単に理智だけでは彼に到達しえない。
〔二五〕彼にとって、婆羅門（祭司者階級）と刹帝利《せつていり》（王侯階級）の両者は乳飯(41)である。死の神はその肉汁(42)である。彼が居るところを、誰が真実知っていようか。

第三章

〔一〕 善き宗教的行為の世界において、リタ(43)を飲み、世界の最も遠い端で秘密の場処に入りこんだ両者(44)を、ブラフマンを知り、五火の教理(45)に通暁し、また三個のナーチケータ火壇を構築した人々は、影と光と呼ぶ。

〔二〕 祭祀をなす人々の橋であり、永遠で最高のブラフマンであり、恐怖のない世界に渡ろうとする人々の岸であるナーチケータ祭火を、われわれは知りたい(46)。

〔三〕 アートマンは車に乗る者であり、肉身は実に車であると知れ。理性は御者であり、そして意志はまさに手綱であると知れ。

〔四〕 諸々の感官を人々は馬と呼び、感官の対照を馬に関して馬場と呼ぶ。アートマンと感官と意志との結合を享受者(47)と、賢者は呼ぶ。

〔五〕 分別なく、常に意志の手綱を締めない者にとって、彼の諸々の感官の制御しがたいことは、あたかも御者の悪馬を御しがたいのに似ている。

〔六〕 しかし、分別をもち、常に意志の手綱を締めている人にとって、彼の諸々の感官の制御されることは、あたかも御者が良馬を御するに似ている。

〔七〕 分別なく、無思慮で、常に不浄である者は、かの場処[48]に達することなく、しかも輪廻に赴く。

〔八〕 しかし、分別をもち、思慮あって、常に清浄である者は、かの場処に達し、そこから再び生れることはない。

〔九〕 分別のある御者をもち、心を手綱とする人は、行路の目的地に達する。それはヴィシュヌ神の最高の住居[49]である。

〔一〇〕 諸々の感官の上に感官の対象があり、これらの対象の上に意志は位する。意志の上に理性があり、理性の上に偉大なるアートマンがある。

〔一一〕 偉大なるもの[50]の上に未開展のもの[51]があり、プルシャ[52]は未開展のものより更に上にある。プルシャの上にはなにもなく、それは頂点であり、最高の拠りどころである。

〔一二〕 かのアートマンはこの世に存在する一切のものの中に隠れひそみ、姿を現わすことはない。しかし、明敏な観察者たちによって、鋭く明敏な理性により、観察される。

〔一三〕 理智ある人は語と意志とを制御せよ。それを智識として自我の中に保て。智識を偉大なる自我の中において制御せよ。それを平静なる心情として自我の中に保持せよ。

〔一四〕 立ち上れ、目覚めよ、恩典を得て、覚れ。剃刀の鋭い刃[53]は渡ることが困難である。詩人たちはそれ[54]を行路の難所という。

〔一五〕声なく、触感もなく、姿もなく、変化することもなく、また永遠に味なく、それはまた匂いもない。始めも終りもなく、偉大なるものより上にあって、動かないもの、それを観想して、死の神の口[55]より解放される。

〔一六〕死の神の宣示した、永遠にかわることのない、ナチケータスの故事を、語り且《か》つ聴いて、賢明な人はブラフマンの世界において栄光を享受する。

〔一七〕この最高の秘密の教理を婆羅門の集りにおいて、あるいは祖先祭の際に、専心して説く者があれば、その人にとって、それはその人を永遠の生命を受けるにふさわしい者とする。それはその人を永遠の生命に値いする者となす。

第四章

〔一〕創造者は孔を外側にあけた。従って、人は外を見るが、内部にあるアートマンに眼を向けることはない。ある賢者は、不死をもとめて、反対側を向いた眼で、アートマンを振りかえって観察する。

〔二〕愚かな者たちは諸々の外的な快楽のあとを追う。かれらは死の神が拡げた鎖にひっかかる。かくて、賢者は不死を知り、この世においては非実在のものの中に現実のものをもとめない。

〔三〕人が姿、味、匂い、声、触感、そして性愛を見分けるに用いるもの、それ[56]を用いてこそ人は実際にそれらを理解するのだ。そこに何が残っていよう。それこそ実にそれ[57]なのだ。

〔四〕人が睡眠中の状態と覚醒中の状態の両者を観察するに用いるもの、それが偉大にして普く遍満するアートマンと知って、賢者は悲しむことはない。

〔五〕蜂蜜を嘗め[58]、生命[59]であるこのアートマンが、この世に存在したもの・存在すべきものの支配者であると親しく知る者は、それを避けることはない[60]。それこそ実にそれなのだ。

〔六〕曾て自熱[61]より生れた者は、さらにそれ以前に水[62]より生れた。孔に入っている者[63]は、生類によって判別された。それこそ実にそれなのだ。

〔七〕プラーナ[64]と交わって、すべての神格を妊んだアディティ[65]は、孔に入ってそこに住し、生類の中に生れかわる。それこそ実にそれなのだ。

〔八〕妊婦[66]たちに十分に保護された胎児のように、発火用木片の中にジャータヴェーダス[67]は隠れひそんでいる。毎日毎日、朝早く起きて供物を捧げる人々により、アグニ[67]は祀らるべきである。それこそ実にそれなのだ。

〔九〕そして、太陽が昇るところ、また太陽が沈んでいくところ、それに一切の神々は依存する。また、それを越えていく者は、誰もいない[68]。それこそ実にそれである。

〔一〇〕ここにあるものは、そこにもある。そこにあるものは、それに対応して、ここにもある[69]。彼は死から死に赴き、ここで[70]相異を見る。

〔一一〕意志によってのみ、これは近づき得られる。ここには相異は全くない。彼は死から死に赴き、ここで相異を見る。

〔一二〕拇指の大きさのプルシャ[71]は個体の真中にあり、彼は存在したもの・存在すべきものの支配者である。彼はそれを避けることはない。それこそ実にそれなのだ。

〔一三〕拇指の大きさのプルシャは、光輝のように煙がない。彼は存在したもの・存在すべきものの支配者であり、彼はまこと今日も明日も同じである。それこそ実にそれなのだ。

〔一四〕山の中に降って、山間を種々の方向に流れる水のように、彼は対照を区別して視て、それら[72]のあとを追う。

〔一五〕清浄なものに注がれた清浄な水のように、それは清浄のままでいるのだ。このように、真の理解をもつ聖仙のアートマンもそうである。ガウタマ仙の息子[73]よ。

第五章

〔一〕心の歪んでいない未生のもの[74]の十一の門のある都[75]に到達するとき、彼は悲まず、永久に解放されるのだ。それこそ実にそれなのだ。
〔二〕彼[76]は、清らかな天に棲む白鳥[77]であり、中空に坐す神[78]であり、祭壇に立つ祭官であり、家の中に坐る客人である。人間の間に住み、空間に住み、天則に住み、天空に住み、水より生れ、乳牛より生れ、天則より生れ、岩より生れ、みずから偉大な天則である。
〔三〕彼[79]は、吐く息を外に引き出し、吸う息を中に引きこむ。身体の真中に坐る小人[80]を、すべての神々は崇め尊ぶのだ。
〔四〕ナ「この肉身をもつ者の中に住して肉体を有する者が分散するとき、すなわち肉体から離されるとき、そこに何が残るであろうか。それこそ実にそれである」。
〔五〕ヤマ「吸う息によっても、吐く息によっても、人間は決して生きているのではない。この二者が拠りどころとする、かの別のものによって、人間は生きるのだ。
〔六〕さて、この神秘で永遠のブラフマンを余は汝に語ろう。また、死に達したとき、アートマンがどのようになるかを教えよう。ガウタマ仙の息子よ。
〔七〕ある[81]ものは、かれらの業《ごう》により、胎内に入って、肉身をもつものとなり、再びこの世に生れる。あるものは、かれらの智識により、不変の創造[82]と合一する。
〔八〕人々が睡眠している間も眼を覚ましており、欲するがままに姿をあらわすプルシャは、それこそ光であり、ブラフマンであり、それこそ不死といわれる。一切の世間はそれを拠りどころとし、しかもそれを越えるものは全くない。

〔九〕一つの火は生類の中に入って体温となり、生類の形に応じて、それぞれに相応《ふさ》わしいものとなった。それと同様に、一切のこの世に存在する者に内在するアートマンは、一つではあるが、それらの中に入って、それぞれの形に応じて相応わしいものとなり、しかもそれらの外にもあるのだ。

〔一〇〕一つの風は生類の中に入って気息となり、生類の形に応じて、それぞれに相応わしいものとなった。それと同様に、一切のこの世に存在する者に内在するアートマンは、一つではあるが、それらの中に入って、それぞれの形に応じて相応わしいものとなり、しかもそれらの外にもあるのだ。

〔一一〕一切の世間の眼である太陽は、人間の眼の外的な欠陥によって汚されないように、一切のこの世に存在する者に内在するアートマンは、この世の不安[83]を超越していて、それによって汚されることはない。

〔一二〕一切のこの世に存在する者に内在するアートマンは、一つの姿を種々に顕現する唯一の支配者である。賢者たちはそれが自身の中にあると観じて、かれらみずからの永遠の安寧[84]を享受するが、他の者たちにとってはそうでない[85]。

〔一三〕 恒常なものの中でも恒常であり、智性ある者の中でも智性があり、彼は多数の者の欲望を満たさせる唯一者である。(86) 賢者たちはそれが自身の中にあると観じて、かれらみずからの永遠の寂静を享受するが、他の者たちにとってはそうでない」。

〔一四〕 ナ「それこそ、それである」と、かれらは考える。筆紙につくしがたい最高の安寧、それをわたしはどうして完全に理解しえようか。そして、それは輝くのであろうか、それとも輝かないのであろうか」。

〔一五〕 ヤマ「そこでは、(87)太陽は輝かない。月も星も輝かない。また、これらの稲妻も輝かない。まして、この火がどうして輝くであろうか。かの輝いているものの輝きを受けて、一切のものは輝き、この一切はその輝きの光を反射する。

第六章

〔一〕 かの(88)永遠のアシュヴァッタ樹(89)は、根を上に向け、枝を下に向けている。(90) それこそ光であり、それはブラフマンであり、それこそ不死といわれる。一切の世間はそれを拠りどころとし、しかもそれを越えるものは何もない。それこそ実にそれなのだ。

〔二〕 そして、この一切の世界は、生気《プラーナ》の中に胎動して生じた。この大きな危険・振りあげられたヴァジラ[91]を知る者たちは、不死となる。
〔三〕それに対する恐怖から火は燃え、それに対する恐怖から太陽は灼熱する。それに対する恐怖から、インドラ神とヴァーユ神とは走り、第五番目[92]に死の神も走る。
〔四〕この世において、肉身の分解する以前に、人が覚りに到達したならば、そのとき彼は天上の世界において、肉体を得るに適する。
〔五〕あたかも鏡に映るように自分自身において[93]、夢の中で見るように父祖の世界では見え[94]、あたかも水に映るようにガンダルヴァの世界[95]において映る。また、ブラフマンの世界においては、それは影と光の中におけると同じ[96]である。
〔六〕感官の別々に存在すること、別々に現われる感官のはたらきの現われたり引込んだりすることを考察して、賢人は悲しまない[97]。
〔七〕諸々[98]の感官より意志は上にあり、知性は意より上位である。偉大なアートマンは知性より上にあり、偉大なものより未開展のものが上位にある。
〔八〕しかし、プルシャ[99]は未開展のものより上にあり、遍満するそれはまこと特性はない。それを知る人は解脱を得て、不死に到達する。
〔九〕その形[100]は公然とは見られず、誰もそれを眼で見ることはできない。それは心で、知識で、そして意志によって概念される。それを知る人々は不死となる。

〔一〇〕　知識の五つの器官が意とともに静止するとき、理性もまた動かないとき、それを人々は最高の状態と呼ぶ[101]。

〔一一〕　感官を動かさず静止させることがヨーガ[102]であると、かれらは理解する。そのとき、人は心を集中しうる。ヨーガとは実に起源[103]であり、没入[104]である。

〔一二〕　それは、言葉によっても、意志によっても、また眼によっても、得ることはできない。「それは存在する」という以外に、どうしてそれが理解されよう。

〔一三〕　「それは存在する」という言葉だけで、それは理解されるのであり、また二者[105]の真の本質によって理解されるのだ。「それは存在する」という言葉だけで得られたとき、その真の本質は明かにされるのだ。

〔一四〕　彼[106]の心に拠るあらゆる欲望が解き放たれるとき、かくて人間は不死となり、彼はみずからの肉体にブラフマンを得るのだ。

〔一五〕　この世において、心の結び目がすべてほどかれるとき、かくて人間は不死となる。わが教えは以上の通りである。

〔一六〕　心臓[107]の血管は百と一であり、その一つが頭の頂に現われている。その血管を上にたどるとき、不死に達する。他の血管はあらゆる方向に出口がある。

〔一七〕　拇指の大きさのプルシャ、すなわち内在するアートマンは、常に人間の心の中に入りこんでいる。(108)ムンジャ草から茎を引き出すように、人は確固たる心で自分の肉体よりそれを引き出すべきである。人はそれが輝いており不死であることを知るべきである。それが輝いていることを知るべきである」と。

〔一八〕死の神より教えられて、ナチケータスは、この知識とヨーガに関するすべての方法を得て、彼はブラフマンを獲て、情欲を離れ、不死となった。他の人もまたこのようにすれば、最高のアートマンをこそ知る。

われら両名を、ブラフマンはともに助けよ。われら両名に、ブラフマンはともに役に立て。われら両名は、ともに努力しよう。学習はわれら両名に輝かしくあれ。われらは互に憎しみあうことなかれ。

オーム、寂静あれ、寂静あれ、寂静あれ。

プラシュナ＝ウパニシャッド（全）

第一章

〔一〕スケーシャン＝バーラドヴァージャと、シャイブヤ＝サトヤカーマと、サウルヤーヤニー＝ガールグヤと、カウシャルヤ＝アーシュヴァラーヤナと、バールガヴァ＝ヴァイダルビとカバンディン＝カートヤーヤナ、かれらはすべてブラフマンを最高の原理と信じ、ブラフマンの観照に専念し、最高のブラフマンを追求していたが、
「あの方こそ、その一切を語ってくれるであろう」

と、薪(1)を手に持って、尊き聖仙ピッパラーダの許に赴いた。
〔二〕すると、かの聖仙がかれらに語った。
「さらに一年の間、苦行をし、梵行《ぼんぎよう》(2)を守り、堅く信じて、われわれの許《もと》で過せ。そのあかつき、好きなだけ質問をしてよろしい。われわれが知っているかぎり、すべてをそなたた

ちに語ろう」と。

〔三〕 こうして、一年ののち、カバンディン＝カートヤーヤナが聖仙に近づいて、訊ねた。
「先生、一体これらの生類はどこから生れてくるのですか」と。

〔四〕 聖仙が彼に語った。
「実にプラジャー＝パティは生類を欲し、苦行をした。かれは苦行をしたのち、一対のものを生じさせた。すなわち、ライ（物質）とプラーナ（生命）とで、「この二者は余のために数多く生類を作りだすであろう」と。

〔五〕 実に、太陽はプラーナであり、月こそライである。形作られたもの、形作られなかったもの、そのすべては実にライであり、その故に形こそライなのである。

〔六〕 こうして、太陽は登って東の方角に入り、それによって東方における諸々のプラーナを光線の中に集めるのである。また、南方の、西方の、北方の、さらに上方の、また下方の、中間の方角にある諸々のプラーナを集めて、一切のものを輝かせ、それによってすべてのプラーナを光線の中に集める。

〔七〕 かの火[3]はプラーナであり、一切に遍満し、あらゆる姿をわれわれに示して、昇る。従って、それは讃頌によって次のように讃嘆される。

〔八〕 あらゆる姿をあらわし、黄金色をした一切の知者、最高の拠りどころであり、唯一の燈火として輝く。
一千の光線をもち、百通りに遍歴し、生類のプラーナである、かの太陽は昇る。

〔九〕まこと、歳はプラジャー＝パティである。その運行に、南方と北方の二つがある。(4)従って、「祭祀の功徳のために、それをしたのだ」と、祭祀を行う人々は、実に、月をみずからの住む世界とする。かれらこそ、この世に再び生れくるのであり、その故に子孫を欲する聖仙たちは、南方への道をとるのである。この父祖の道こそ実にライである。

〔一〇〕しかし、北方への道では、苦行により、梵行により、信仰により、学識によってアートマンを追求したのち、太陽をみずからの住処とする。それこそ諸々のプラーナの行く道であり、それは不死であり、無畏であり、最高の拠りどころである。そこから、人は二度と再び還ることはない。すなわち、それは再生を断つことである。次の詩頌は、このことを示す。

〔一一〕五(5)本の足をもち、十二の相をもつ父(6)は、天の向う側に充満するものといわれる。しかし、これらの他の人々は「彼は天のこちら側にいて、炯眼《けいがん》であり、七つの車輪をもち六つの輻《や》をもつ車(7)の上に安置されている」という。

〔一二〕まこと、月はプラジャー＝パティである。その黒分(8)こそライであり、白分はプラーナである。その故に、これらの聖仙たちは白分に供犠祭を行い、他の者たちは他の半月に行う。

〔一三〕 まこと、昼夜はプラジャー＝パティである。その昼こそプラーナであり、夜こそライである。昼間に愛欲を娯《たのし》む者たちは、プラーナを失い、夜間に愛欲を娯むことこそ梵行である。

〔一四〕 まこと、食物はプラジャー＝パティである。実に、この精液はそれから生じ、この精液からこれらの生類が生れる。

〔一五〕 従って、まこと、プラジャー＝パティの戒行を行う者たち、そして男女の子を生れさす人々は実に、苦行の梵行を行う人々であり、それらの人々の間には真実が確立されているのであって、かのブラフマンの世界は実にこれらの人々のものである。

〔一六〕 人々の間に虚偽・不正・瞞着《まんちゃく》のないとき、この汚れないブラフマンの世界は、それらの人々のものである」。

第二章

〔一〕 次いで、彼（ピッパラーダ仙）にバールガヴァ＝ヴァイダルビが訊ねた。

「先生、どれだけ多くの神々が生類を扶養しているのですか。神々の中のいずれがそれを(9)

照らすのですか。また、誰がかれらの中で最もすぐれているのですか」と。

〔二〕彼に、かの聖仙が語った。

「虚空がかの神であり、風・火・水・地・語・意・眼・耳もまたそうである。かれらはそれを照らして、「われらはこの茎[10]に依りかかって、扶養する」と、宣言する。

〔三〕かれらに最もすぐれた神のプラーナが語った。

「馬鹿なことを言うではない。余こそ、自身を五分して、かの茎に依りかかって、扶養しているのだ」と。しかし、かれらはその言葉を信じなかった。

〔四〕彼は憤慨して、身体から上方に脱出しようとした。彼が脱出しようとすると、他のものたちはすべて脱出しようとした。そして、彼がとどまると、すべてのものはとどまった。それは、あたかも、蜂の王が巣から出てゆくと、すべての蜂が後を追うて巣から出てゆき、蜂の王が巣にとどまると、すべての蜂が巣にとどまるのと同じであった。このようにして、語も、意も、眼も、また耳も、悦んで、プラーナを讃えた。

〔五〕かの神は火、燃えさかり、彼は太陽、
　彼は雨、雷、彼は風であり、彼は大地である。
　彼は財貨であり、天神であり、
有・非有であり、また不死なるものである。

〔六〕あたかも車の轂《こしき》における輻のように、
一切のものはプラーナに依存する。
讃頌も、祭詞も、唱詠も、供犠も、王権も、
また婆羅門の地位も、プラーナに依存する。
〔七〕プラジャー＝パティである汝は、胎内を歩んで、生れいずる。
プラーナよ、呼吸によって体内に安らかに坐す汝に、
これらの生類たちは、供物を捧げる。
〔八〕汝は神々に供物を運ぶ最勝の者、
父祖たちにとっては、第一等の酒、
アタルヴァン族とアンギラス族(11)に属する聖仙たちには、
正しき所行の規準である。
〔九〕プラーナよ、汝は威力ではインドラ神、
汝はルドラ神にして、守護者。
汝は虚空の中を歩きまわり、
汝は太陽にして、光明の主である。
〔一〇〕汝が雨を降らすとき、プラーナよ、

汝に属するこれらの生類は、
「望みのままに食物があるであろう」と、
かれらは悦びを外にあらわして立つ。

〔一一〕 プラーナよ、汝はヴラートヤ[12]である。
唯一の聖仙、一切を貪りくらう者、正しい主である。
われわれは食物を与える者、
汝はマータリシュヴァン[13]の父である。

〔一二〕 語に依存し、また耳に、
また眼に依存した汝の身体、
また、意の中に拡がったそれを幸いなものとせよ。
決して、身体の中より脱け出るなかれ。

〔一三〕 三天に依存して安立するこの一切は、
すべてプラーナの支配の下にある。
母が子を守るように、生類を守れ。
また、栄光と子孫とを授けよ」。

第三章

〔一〕　次いで、かの聖仙（ピッパラーダ仙）にカウシャルヤ＝アーシュヴァラーヤナが訊ねた。

「先生、かのプラーナは何処から生じたのですか。それは、どのようにして、この肉身の中へ入ったのですか。また、それは自己を五分して、どのようにして身体の中にとどまったのですか。それは、何によって身体から出てゆきますか。それは、どのようにして外部で生類を支配し、どのようにして内部で生類を支配するのですか」。

〔二〕　かの聖仙が彼に語った。

「汝は難かしい質問をする。しかし、汝は最も勝れたブラフマンの探究者であるという。依って、汝に余は語ろう。

〔三〕　「かのプラーナはアートマンより生れる。影が人間に依存するように、それは人間の中に拡がっており、意の力によって、この肉身の中に入るのである」。

〔四〕　あたかも覇王が臣僚たちを「汝はこれらの村を管理せよ」と任命するように、まさにかのプラーナは他の諸々のプラーナ（生気）を別々に配置する。

〔五〕　肛門と生殖の器官には吸気《アパーナ》を配置し、眼と耳にはプラーナは口と鼻とともにみずからとどまっている。しかし、身体の中央部にはサマーナ(14)がある。何故ならば、それは供えられた食物を引き上げるから(15)である。従って、これら七つの光(16)が生ずる。

〔六〕　かのアートマンは実に心臓の中にある。そこには百一本の脈管があり、それらの一本ごとに百本ずつの小脈管があり、この小脈管の一本ごとにそれぞれ七万二千の毛細管がある。体気《ヴャーナ》はそれらの中を速かに動きまわるのだ。

〔七〕　次に、一本の脈管によって上気《ウダーナ》は上昇し、善行によって福徳の世界へ、悪行によって禍悪の世界へ、善悪両行為によって人間の世界に導く。

〔八〕　太陽は実に外界におけるプラーナであって、それは眼の中にあるプラーナを支えて上昇する。大地の中にいる神格は人間の吸気《アパーナ》に依りかかって体内に入る。〔個体に関して言えば〕虚空はサマーナであり、虚空を吹く風は体気《ヴャーナ》である。

〔九〕　虚空における光明は実に上気《ウダーナ》である。従って、光明の消えた者（「活動力のなくなった者」の意）は、諸感官を意の中に集めて、再び甦る。

〔一〇〕　心とともに、それ（ウダーナ）はプラーナに達する。プラーナは光明（ウダーナを意味する）と結合し、アートマンとともに〔生前に〕念じた通りの世界に導く。

〔一一〕　このように知る者はプラーナを知る。彼の子孫は滅ぶことなく、彼みずからは不死となる。

従って、この詩頌がある。

プラーナの生成と、〔肉身への〕到来と、

また五分して〔身体の中に〕拡がれること、

また内部にて支配すること、

それを認識するとき、不死を獲る。

それを認識するとき、不死を獲る」。

第四章

〔一〕次に、サウルヤーヤニー＝ガールグヤが彼（ピッパラーダ仙）に訊ねた。

「先生、この睡っている人間において、いかなる者が睡っているのですか。彼の中で、いかなる者が眼覚めているのですか。どの神が夢を見ているのですか。睡眠中の幸福は誰のものですか。一切万物は何を拠りどころとしていますか」と。

〔二〕彼に、かの聖仙が語った。

「ガールグヤよ、あたかも太陽が沈むとき、すべての光線がこの光明の円盤の中に入って一となり、太陽が昇るとき発散することを繰返すように、まさにかの一切は最高神である意の中で一となるのである。従って、実に、この人間は睡眠中には聞くことなく、見ることなく、嗅ぐことなく、味わうことなく、感触を感ずることはない。また、語らず、取らず、娯しむことなく、排泄せず、歩くこともない。この場合、「彼は睡っている」といわれる。

〔三〕しかし、プラーナの火焔（体内にある五気息）こそは、この都城（人間の身体の比喩的表現）の中で目覚めている。〔祭火に喩えるならば〕かの吸気《アパーナ》はガールハパトヤ祭火[17]であり、体気《ヴャーナ》はアンヴァーハーリャ＝パチャナ祭火[18]であり、ガールハパトヤ祭火からわけられたアーハヴァニーヤ祭火[19]は呼気《プラーナ》である。

〔四〕吐きだす息と吸いこむ息という二つの供物を平等にするものが、かのサマーナである。意は実に祭主であり、祭祀の功徳こそ上気《ウダーナ》である。それはこの祭主を日々ブラフマンの許に赴かせる。

〔五〕この場合、かの神（祭主に喩えられた「意」）は夢の中で威力を擅《ほしいまま》にする。彼は処々で見たことを思い出し、処々で聞いたことを繰返して聞き、別の場所や方角で経験したことを再三再四経験しなおすのである。見たこと・見ないこと・聞いたこと・聞かなかったこと、経験したこと・経験しなかったこと、存在するもの・存在しないもの、そのすべてを一切者である彼は夢の中で見る。

〔六〕かの神（意）が光明（ウダーナのこと）によって圧倒されたとき、その際には彼は夢を視ない。そして、その肉身の中にかの幸福が生ずる。

〔七〕友よ、あたかも多くの鳥が塒《ねぐら》とする樹木に群がり寄るように、まさしくこの一切は最高者であるアートマンに群がり拠るのだ。

〔八〕ここに一切というのは、大地と大地の要素、水と水の要素、火と火の要素、風と風の要素、虚空と虚空の要素、眼とその対象、耳とその対象、鼻とその対象、舌とその対象、皮膚とその対象、言語とその表現、両手とその把持の対象、性器とその快楽の対象、排泄の器官と排泄物、両足と歩行の範囲、意とその対象、理性とその対象、自我意識とその対象、心とその対象、光明と被照物、そしてプラーナとそれによって調整されるべきもの（呼吸）とである。

〔九〕かのプルシャは実に見る者であり、触れる者であり、聞く者であり、嗅ぐ者であり、味わう者であり、思考する者であり、覚る者であり、行為者であり、認識を本質とする者である。彼は最高・不滅のアートマンを拠りどころとしている。

〔一〇〕まこと、かの影のない者・身体のない者・血のない者・清浄にして不滅の者を知らしめる者は、最高・不滅の者（アートマン）に到達する。友よ、彼は一切を知る者・一切者となる。
ここに、詩頌がある。
〔一一〕認識を本質とする者（プルシャ）が一切の神々とともに、
諸々の機能と〔その対象の〕諸々の存在が拠るところ、
この不滅なものを知らしめる者は、友よ、
彼は一切を知る者となり、一切に没入する」と。

第五章

〔一〕次に、シャイブヤ＝サトヤカーマが彼（ピッパラーダ仙）に訊ねた。
「先生、人間の間に死に至るまで神聖な音声の『オーム』を念ずる者がまことあるならば、彼はその功徳によって如何なる世界を贏るのですか」と。
〔二〕彼に、かの聖仙が語った。
「サトヤカーマよ、かの神聖な音声『オーム』は実にブラフマンであるが、最高のものと最高でないものとがある。賢者はそれに拠るのではあるが、いずれか一つに従って赴くのである。

〔三〕もし人がこの音声を一音量として念ずるならば、彼はそれによって速かに正しい知識に達し、〔死後には再び〕地上界に到る。讃歌《リチ》が彼を人間界に誘導するのであって、彼はそこでは苦行と梵行と信仰とによって完成し、威光を擅にするのだ。

〔四〕もし人がこの音声を二音量として心に会得するならば、彼は祭詞《ヤジュス》によって中空にあるソーマ（月神）の世界に導かれる。彼はソーマの世界において繁栄を擅にして、再びこの世に還るのだ。(20)

〔五〕さらに、人が『オーム』を三音量(21)として、この不滅のものによって最高のプルシャを念ずるとき、彼は光明の本体である太陽に到達する。(22)あたかも蛇が皮をぬぐように、まさしく彼は罪悪から解放され、讃唱《サーマン》によってブラフマンの世界に導かれる。彼はこの生命の凝塊(23)よりもさらに高い、都城に安住する(24)プルシャを見る。

それで、この二詩頌がある。

〔六〕三音量が互に結合されて用いられ、(25)
また〔二音量に〕分割されるとき、死に委ねられる。
外と内と中間の三つの行為(26)に分たれて、
それが完全に用いられるとき、知者は怖れ戦《おのの》くことはない。

〔七〕讃歌によりてこの世界を、祭詞によって中空を、讃唱によって、聖仙らが告げ知らせる世界（啓示の世界の意）を得る。
賢者は神聖な音声『オーム』に拠って、
寂静・不老・不死・無畏で最高の者の許に赴く。

第六章

〔一〕　次に、かの聖仙にスケーシャン＝バーラドヴァージャが訊ねた。
「先生、嘗《かつ》てコーサラ国の王子ヒラヌヤ＝ナーバがわたくしの許に参り、「バーラドヴァージャよ、十六の部分をもつプルシャを知っているか」と訊ねました。わたくしはかの王子に「わたくしは知りません。もしわたくしが知っていますならば、どうして貴方にお話しないでしょうか」と申しました。嘘を語る者は根もろともに枯れるとのことですので、従ってわたくしは嘘を語る訳にはまいりません。王子は黙ったまま車に乗って、立去ってゆかれました。

そこで、お訊ねいたします、このプルシャは何処にいるのでしょうか」と。
〔二〕　彼に、かの聖仙が語った。
「友よ、かのプルシャはこの肉身の中にいるのであって、そこにおいて十六の部分が発生するのである」と。

〔三〕「彼（プルシャ）は「余は誰の許に出て行って、出ていったままでいるだろうか。あるいは誰を拠りどころにして、そこに安住するだろうか」と考えた。

〔四〕彼は生気を生みだした。生気より信仰・風・光・水・大地・感官・意と食物とを生じた。食物より気力・苦行・諸々の聖句《マントラ》・祭式の行事・諸々の世界が生じ、諸々の世界の中では〔十六の部分として、それぞれに〕名があらわれた。

〔五〕あたかも、これらの諸河川が流れて海に注ぐとき、海に達すると、それらの名と形とは分解してなくなり、ただ海とだけ呼ばれるように、まさしくこの遍《あまね》く見る者の十六の部分もプルシャに合一し、プルシャに達すると、それらの名も形も分解してなくなり、ただプルシャとだけ呼ばれるのだ。彼は不可分・不死の者となる。

ここに、詩頌がある。

〔六〕車の輻《や》が轂《こしき》に集まるように、
十六の部分が拠りどころとする、
かのプルシャを知るべきである。
死が汝らを脅かさないように」。

〔七〕そこで、かの聖仙がかれら質問者たちに言った。

「わたしが最高のブラフマンについて知っているのは、以上の通りである。これ以上、何もない」と。

〔八〕かれらは彼を讃えて、

「あなたは実にわれわれの父である。あなたはわれわれを無智から最高の彼岸に渡してくださったのだ」と。

最勝の聖仙がたに敬礼し奉る。最勝の聖仙がたに敬礼し奉る。

注

カウシータキ＝ウパニシャッド

（1）ガウタマはアールニ仙の氏族名。
（2）入門式に際して、新に弟子入りする者は二十一束の薪を持参することになっていた。本書『プラシュナ・ウパニシャッド』第一章（一）参照。
（3）「婆羅門《バラモン》であるにもかかわらず、クシャトリヤ（王族）の余に教えを乞うとは」の意。
（4）人間界に再生を望む場合の返答を示す。
（5）以下、ブラフマンの世界への上昇を望む場合の返答を示す。
（6）意味明確でない。
（7）原文は「河」nadyas とあり、ヴェーダ文献にアムバヤー河の名も見えるが、ここでは文字の類似から nadyas を natyas（naṭī「舞姫」の複数形）と訂正して読む。
（8）「彼は時間を超越する」意か。
（9）サトヤム satyam（中性名詞 satya「真実」の単数主格の語形）を sat + tyam で説明しよ

うとする神学的解釈。

チャーンドーグヤ＝ウパニシャッド

(1) 梵語の音韻法則により、ウト (ut) の末尾音 t は有声音 (ここでは g) の前では有声音 (ここでは d) になる。

(2) 原文は sthita である。この語は語根 sthā「立つ」の完了分詞形であるが、この語根の派生語は俗語では ṭha, ṭha を基礎として構成される。

(3) 第一章第十節〔九〕を見よ。

(4) 第一章第一節〔一〕を見よ。

(5) 第一章第十節〔一一〕を見よ。

(6) 合唱で歌われるサーマンの終りの一節。

(7) 「天」を意味するナーカ nāka (中性名詞) を na-a-kam と分解し、「喜び (kam) でない (a)」すなわち「憂苦」はない (na) と解した。

(8) 三種の擦音 (ś ṣ S)、ヴィサルガ (ḥ)、アヌスヴァーラ (ṁ) など。

(9) 朝の吟誦とともに、朝の灌奠式が始まる。

(10) 供物を祭火に投じて、立上った祭主は、ここで、ソーマ酒を飲む。

(11) ウッダーラカ＝アールニの父をアルナ＝アウパヴェーシ＝ガウタマといい、ケーカヤ族

（現在のインダス河とジェラム河の間に住んでいた）のアシュヴァ＝パティ王に教えを受けたという。
(12) 一切の存在・大地・人間の肉身および心臓の四者を指す。
(13) 前記四者に声と生気を加えた六者を指すと考えられる。
(14) 『リグ＝ヴェーダ』一〇・九〇・三。
(15) 『リグ＝ヴェーダ』一〇・九〇・三。
(16) 『シャタパタ＝ブラーフマナ』一〇・六・三・一―二参照。
(17) サヴァナとはソーマ酒を搾ることとそれを神に供える儀式を意味する。一日に朝・昼・晩の三度搾り（これをトリ＝シャヴァナと総称する）、それぞれにプラータハ＝サヴァナ、マドヤンディナ＝サヴァナ、トリティーヤ＝サヴァナ（「第三のサヴァナ」の意）という。
(18) ディークシャーとは宗教上の儀式に参加するための精進潔斎をいう。
(19) ジョーティシュトーマ祭の一部をなして七日間つづくストゥヤー祭（ソーマを搾る儀式）に先行する祭式。
(20) 祭式に際して歌われる讃歌をいう。
(21) 祭式に際してホートリ祭官が唱える讃歌をいう。
(22) ヤーダヴァ族の出身で、ヒンドゥ教バーガヴァタ派の開祖とされる。
(23) 『リグ＝ヴェーダ』八・六・一〇。
(24) 『リグ＝ヴェーダ』一・五〇・一〇。

(25) 原語バッラークシャ、「美しい眼の持主」の意。紅鶴への呼びかけの語。
(26) 古代インドにおける博奕はヴィビーダカの実を用い、それを数多く賭場にまき、賭博者が手に摑んだ数あるいは場に残った数で勝負を決したようである。その場合、四で割り切れるのをクリタといって最善とし(丁をクリタという場合もある)、割り切れないで一つ余る(あるいは半の場合)のをカリと呼んで最悪としたことが知られている。
(27) 姓(ゴートラ)はわが国の氏にあたり、古代インドには八人の古聖賢を祖とする八ゴートラがあった。ヴェーダの修行をするには、それにふさわしい身分であることを明らかにするため、自己のゴートラ名を告げる必要があった。
(28) 本書『カウシータキ＝ウパニシャッド』第一章〔一〕の注(2)を見よ。
(29) 食前・食後に口をすすぐことを意味する。
(30) スヴァーハーとは、神に供物を供えるときに唱える語で、「祝福あれ」「幸いあれ」の意。
(31) この一節は後世の竄入と考えられる。以下の記述と直接の関係はない。
(32) 思慮(saṁkalpa)の語源である語根 sam-√kalp に「成立する」という意のあることに基づく論議である。
(33) 前節に述べられた「アートマンと真正な諸欲望を知る者」。
(34) 「兄弟の多い楽しい生活環境」の意。
(35) 「真実」(satyam 中性名詞)をこのように分解して、神学的な語源論を展開する。
(36) yacchati「彼は支える」という動詞語形は動詞語根 yam に由来する。

(37) 意味不明確。おそらくは「再び母の胎内に入って、再生することなかれ」の意と解せられる。「胚種」の原語リンガは元来「特徴」を意味し、また「男根」の意にも用いられるが、ここではサーンキヤ哲学において創造原理とされるプラクリティと同義に用いられていることから考えて、その先駆的用法かと考えられる。

(38) 祭祀の場合には犠牲の獣を殺して神への供物とする。従って、その場合は致しかたないとして、その他の場合には「殺生をしない」の意。

ブリハッド＝アーラヌヤカ＝ウパニシャッド

(1) ヴィデーハ国の王。ブラフマンに関する論議を好み、ヤージュニャヴァルクヤ仙ほかの婆羅門を宮廷に集めて討論会を開いたという。婆羅門に厚く贈物をしたことで有名である。本ウパニシャッド第三章第一節〔一〕、第四章第一節〔二〕などを見よ。

(2) ソーマは蔓草の一種（学名 Sacrocostema Viminalis または Asclepias Acida）の搾った液で、バタや小麦粉と混じて醱酵させ、神の供物とされた。後期のヴェーダ文献では、擬人化されて、月神と同一視された。

(3) ヴァイクンタとはインドラ神の名。「抵抗することのできない者」の意。

(4) 二つの眼、二つの鼻孔、二つの耳と口の七つをさす。

(5) 第四章第五節とほとんど同じで、しかも本節の方が簡略である。

(6) 古代インドにおいて、祭祀にはホートリ、アドヴァルユ、ブラフマンおよびウドガートリの四人の祭官が関与し、それぞれ三人の補助者があり、全体で十六人の司祭者によって祭祀が執行された。ホートリは神を勧請し、讃頌をとなえる祭司である。
(7) アドヴァルユ祭官とは祭式の実務を担当する司祭者。
(8) 『サーマ＝ヴェーダ』の讃頌を歌う祭官。
(9) 祭祀の一切を主宰する祭官。
(10) ヴァイシュヴァ＝デーヴァとは元来は「すべての神々に関する」の意。婆羅門教は多神教であるので、神の数は極めて多いことから、祭祀に際して勧請するために、神名の一覧表のごときものがあった。それがニヴィッドである。
(11) 「万物がこれらの神群の間に置かれている」すなわち「住んでいる」(vasati) という語によって「ヴァス神群」(Vasava) の名を解釈した神学的詭弁。言語学的には、ヴァス神群の名は語根 vas「光る」から導かれる。
(12) ルドラ (Rudra) の名を「泣く」(rud) から導く神学的解釈。
(13) アーディトヤ (Āditya) 神群の名を「引きずって (ādadāna-) 行く (yanti)」から導く神学的解釈。
(14) 「一と半分」をあらわす語は adhyardha- であるが、これを語根 adhyardh「成長する」から説明した神学的解釈。
(15) 「それ」とは超越的なものを象徴する指示詞。

(16)『リグ＝ヴェーダ』第一の神で武勇の神の名であるが、ここでは点火者（インダ）に類似する名称として引用された、すなわち、民間語源論的な言葉の遊戯と思われる。
(17)「ただ否定を重ねることによってのみ理解される」の意。すなわち、プルシャすなわちアートマン（個人我）は相対を超越した絶対的な存在であることを意味する。
(18)「あなたの命令を待つ」意。
(19)王の歓待に対し、返礼の意味でヤージュニャヴァルクヤ仙が王に与える恩恵。
(20)死は姿と形を異にする万物に必ず来る。
(21)睡眠の状態を二つに分け、夢眠の状態ではこの世の諸悪を見、熟睡の状態ではブラフマンの世界における諸々の歓喜を見るという意味。
(22)ハンサとは雁、鵞鳥、白鳥、フラミンゴなど水鳥の総称であるが、これらの水鳥の純白な色とその渡り鳥としての特性によって、「霊魂」（アートマン）の象徴と見なされた。
(23)『リグ＝ヴェーダ』一〇・一二九において、宇宙の展開の根元は唯一物であり、それは水波の中に自熱の力で出生したと記される。ここでは「彼」プルシャはこの唯一物と同一視される。
(24)ガンダルヴァは空界に住むという神人。
(25)カルマ＝デーヴァとは「自分の行為（カルマン、ここでは祭祀の執行などの宗教的行為）によって神の世界に到達した者」の意。
(26)ここではヴェーダの学匠は神・創造主・最高原理（ブラフマン）と対等な者と見られてい

る。『シャタパタ＝ブラーフマナ』二・二・二・六において「二種の神がある。古来の神は神である。学識がありヴェーダに精通するバラモンは人間の神である」というバラモンの自負の言葉を参照せよ。

(27)「王の質問が急で、逃げかくれすることができなくなった。最高の真理を明かさずにおれなくなるのではないか」の意。

(28) 気息・視覚・聴覚・意・栄養の五者をさす。

カタ＝ウパニシャッド

(1) ウパニシャッドの学匠として著名なウッダーラカ＝アールニのこと。

(2) 他の文献にはシュヴェータ＝ケートゥと記される。

(3) 原文アナンダ「無歓喜」では意味をなさないので、アーナンダ「歓喜」に改める。

(4) 布施の功徳は〔三〕に記されたように大きいのであるから、父は必ずや息子の自分さえも布施として贈るであろうと考えた。

(5) ヤマ。元来ヤマは最初に死んだ人間として天国への道を最初に見出した者であり、天国の王者とされた。ヤマの国土は緑蔭に恵まれ酒宴・歌舞・音楽の絶えない理想の楽土であると考えられたが、後には最初に死んだ人間として死者の統率者とされ、死者の審判を司る者とされるに至った。そして、地獄の主となった。漢訳仏典に見られる閻魔は正にそれである。

(6) ナチケータスがヤマの邸宅に到着したときの言葉。
(7) 未来における死者。
(8) 過去および現在における死者。
(9) 誰の言葉か不明確である。注釈は「天上の声」とし、ある学者はナチケータスの言葉とし、またヤマの使者である「死」の言葉と考える学者もある。
(10) この詩頌の前半の意味は不明瞭である。「過去の人々」とは「過去に死んだ人々」の意と思われる。
(11) 詩頌の後半は輪廻について述べたものと考えられる。
(12) ヤマのこと。ナチケータスがヤマの邸宅に到着したとき、彼は留守にしていた。インド古典文学に著名なドゥルヴァーサス仙のように、主人に歓待されない婆羅門は火のように怒って呪うのである。ヤマの留守に到着した婆羅門ナチケータスを怒らせないように、人々は奔走する。かれらはヤマの留守を知らず、「ヤマよ、洗足の水を早く持ち来れ」と、催促する。
(13) ヤマの言葉。ヤマはナチケータスが到着したのち、三夜を経て、漸く帰宅し、ナチケータスに三つの恩典を選ばせることで、婆羅門の呪いを避けようとする。
(14) ヤマのこと。
(15) 学者によって見解を異にするが、第二章〔三〕の用例から見て、世俗の富と死の神の鎖（パーシャ）とを同時に象徴する「黄金の鎖」を意味すると考えられる。
(16) ヤマがナチケータスに教えた特殊な祭式規則により築かれたアーハヴァニーヤ、ガールハパトヤおよびダクシナの三種の祭火の火壇。

(17) 古代インド人が各人の人生の三目的としたダルマ（法）、アルタ（実利）、カーマ（愛欲）の三つをさす。

(18) 神を祀ること、ヴェーダを学ぶこと、布施をすること。

(19) 「寂静に赴く」とは「梵と合一する」意。

(20) 「死」を意味する。

(21) 「宇宙の根本原理」を意味する。

(22) アートマンを指す。

(23) 「わたしが汝に教えた前述の教理」の意。

(24) 祭祀の執行というような勝れた宗教的行為の蓄積を意味する。

(25) 宇宙の根本原理（ブラフマン）。

(26) ナーチケータ火壇をさす。しかし、この火壇の構築の功徳は、それによって宇宙の根本原理に到達しうるほどに偉大なのである。

(27) 第一章〔一四〕参照。

(28) 天界のこと。第一章〔一二〕参照。

(29) 第三章〔九〕に見える「ヴィシュヌ神の最高処」すなわち「梵界」をさす。

(30) アートマン＝ブラフマンすなわち根本原理。

(31) 根本原理を指す。

(32) ナチケータスこそ「ブラフマン＝アートマンを知るに値いする者」であるの意。
(33) 宇宙の根本原理は相対を超越するものであるので、このように表現する。
(34) ヴェーダの学習と禁欲生活。
(35) ここではオームという神聖な語が宇宙の根本原理の象徴である。
(36) 原語アクシャラ、この語は「語」と「綴」の両義あり。
(37) 個人我（アートマン）。
(38) 個人我（アートマン）。
(39) 個人我（アートマン）。
(40) 宇宙の根本原理、それは歓喜と非歓喜というような相対を超越するものである。
(41) 原語オーダナ。古代インド人が特に愛好した食物である。すなわち、ここではアートマンの理論・教義は婆羅門・刹帝利の二種姓の者たちのみに理解されるということを意味する。
(42) 「死の神」ヤマすなわち「われ」もまたアートマンの理論・教義の理解者であると強調する。
(43) 元来「天の摂理」を意味するが、ヴェーダにおいては最高の根本原理である。
(44) ブラフマンとアートマン。
(45) 五火の教理については、本書『チャーンドーグヤ＝ウパニシャッド』第五章第四節に詳しく説かれる。
(46) この詩頌は第二章〔一〇〕および〔一一〕を素材としている。恐らくは後代の書込みと思われる。

(47)　経験の主体を意味する。

(48)　解脱の境地。

(49)　ヴィシュヌ神の最高の住居とは、古代インドの神話では宇宙の頂にありとされる光明の世界であり、そこには甘露《アムリタ》（不死）の霊泉があり、祝福された者の住処である。上記第二章〔一七〕において「ブラフマンの世界」（梵界）と記されているのと同一視される。

(50)　アートマン。〔一〇〕を見よ。

(51)　数論（サーンキヤ）哲学でいうプラクリティ（原質）、すなわち宇宙展開の物質的原理を意味する。

(52)　一般に「神我」と訳され、数論哲学ではプラクリティと並べられる精神的原理を意味し、その意味でアートマンとも呼ばれる。

(53)　この比喩の出所は不明である。ある学者はイランのゾロアスター教における終末論思想と結びつけるが、その宗教史的背景は全くたどりえない。

(54)　何をさすか不明。いずれにせよ、この詩頌は前後の詩頌と関聯がなく、恐らく後代の竄入と考えられる。

(55)　第一章〔一一〕を見よ。

(56)　インド思想（仏教を含めて）の術語でいえばヴィジュニャーナ、「識」と訳され、対象をそれぞれに区別して認識する作用である。

(57) アートマンをさす。
(58) この表現は『リグ＝ヴェーダ』第一巻一六四〔二二〕の記事に基づく。そこには「旨い果実をくらうアートマン」について記される。
(59) 本書『チャーンドーグヤ＝ウパニシャッド』六・三・二参照。
(60) 本書『ブリハッド＝アーラヌヤカ＝ウパニシャッド』第四章第四節〔一五〕、『イーシャー＝ウパニシャッド』〔六〕参照。
(61) 『リグ＝ヴェーダ』一〇・一二九・三参照。
(62) 宇宙展開の第一歩としての「原水」、『リグ＝ヴェーダ』一〇・一二九・三および一〇・一二一・七参照。
(63) 宇宙の根本原理としてのアートマン。
(64) 「生気」を意味する。後期ブラーフマナ文献においては、後代のアートマンと同じく、個人の主体として、生活機能の上に立つ必要不可欠な生命とされる。本書『チャーンドーグヤ・ウパニシャッド』五・一・一二を見よ。
(65) ヴェーダの神話において、すべての神格の母とされる女神である。ここでは、宇宙の根本原理としてのアートマンと同一視されている。
(66) 本頌は『リグ＝ヴェーダ』三・二九・二と殆んどおなじ。『リグ＝ヴェーダ』においては「妊婦たちの中に安全に置かれた」と見える。
(67) 火神アグニの名。神秘な神アグニ＝ジャータヴェーダスも、その本質においてはアートマンである。
(68)『アタルヴァ゠ヴェーダ』一〇・八・一六、『ブリハッド゠アーラヌヤカ』一・五・二三参照。
(69) アートマンの遍在性をあらわす。
(70)「死の中に」の意。
(71) ここでは、「生気」はアートマンと同一視される。上記〔五〕参照。なお、プルシャが拇指大であるという表現は『マハーバーラタ』三、一六七六三に見られる。
(72) 再生を運命づけられた霊魂。
(73) ナチケータスをさす。ガウタマはナチケータスの父ウシャットの姓である。上記第一章〔一〕を見よ。
(74) 再生を運命づけられた霊魂を意味するか。第四章〔一四〕参照。
(75)『シュヴェーターシュヴァタラ』三・一八、『バガヴァッド゠ギーター』五・一三において、肉体は「九つの門のある都市」と呼ばれている。これに、「臍」と「ブラフマンドラ」(ブラフマンの割れ目、頭の頂にあると考えられる割れ目)の二つを加えて、「十一の門」があるとされる。
(76)『リグ゠ヴェーダ』四・四〇・五と同じであるが、『リグ゠ヴェーダ』には最後のブリハット「偉大な」という韻律をみだす語はない。『リグ゠ヴェーダ』では祭火の種々な形を讃美するが、ここではアートマンの遍在性を讃美する。

(77) 太陽に喩える。
(78) 稲妻に喩える。
(79) 人間の生活原理としてのアートマン。
(80) 前記第四章〔一二〕および〔一三〕における「拇指の大きさのプルシャ」参照。
(81) サーンキヤ（数論）哲学思想の先駆として注目される。「再びこの世に生れる」とは輪廻の主体となることを意味する。
(82) 原語スターヌ「杭」。『サーンキカ＝カーリカー』四一参照。
(83) 原語ドゥッカ。一般に「苦」と訳されるが、「苦しみ」という意味ではなく、仏教でいう「苦」すなわち「不安」の意である。
(84) 原語スカ。一般に「幸福」と訳されるが、ここでは仏教でいう「楽」すなわち「安寧」の意である。
(85) 『シュヴェーターシュヴァタラ』六・一二参照。
(86) 『シュヴェーターシュヴァタラ』六・一三参照。
(87) 『シュヴェーターシュヴァタラ』六・一四、『ムンダカ』二・二・一〇参照。
(88) 『シュヴェーターシュヴァタラ』三・九、『マハー＝ナーラーヤナ』一〇・二〇、『バガヴァッド＝ギーター』一五・一参照。
(89) 学名 Ficus religiosa. 無花果の木。ここでは世界構造に喩えられる。
(90) 「根を上に向け……」とはバンヤン樹（学名 Ficus indica）に基づく表象である。

(91) インドラ神の武器で、「稲妻」の象徴である。次頌参照。
(92) 『タイッティリーヤ』二・八・一参照。
(93) 最高の原理ブラフマン＝アートマンは「自分自身の中では鏡に映るように明瞭に見える。」という意。
(94) 「朦朧として見える」意。
(95) 「天界」のこと。天界ではぼやけて見える。
(96) くっきりと際だって見える。
(97) 「これこそアートマンの活動であると観じて」の意。
(98) 上記第三章〔一〇〕および〔一二〕参照。
(99) 上記第三章〔一二〕を見よ。
(100) 『シュヴェーターシュヴァタラ』四・二〇および同じく三・一三参照。
(101) 『マイトリ』六・三〇参照。
(102) ヨーガとは「心の動揺の制御」を意味する。『ヨーガ＝スートラ』一・二を見よ。
(103) 「ブラフマンに到達するために最初になすべきこと」の意。
(104) ブラフマンに没入すること、それがヨーガである。
(105) ブラフマンとアートマン。この両者の真の本質は同じである。
(106) 本書『ブリハッド＝アーラヌヤカ＝ウパニシャッド』四・四・七と同じ。
(107) 本書『チャーンドーグヤ＝ウパニシャッド』八・六・六と同じ。

（108）本頌の前半は『シュヴェーターシュヴァタラ』三・一三の前半と同じ。

プラシュナ＝ウパニシャッド

（1）入門式に際しては、新に弟子入りする者は二十一束の薪を持参することになっていた。本書『チャーンドーグヤ＝ウパニシャッド』五・一一・六など参照。

（2）ヴェーダを学習し性的に純潔を保つこと。

（3）太陽の象徴的表現。

（4）「南方への道」とは祖道を意味し、「北方の道」とは神道を意味する。

（5）『リグ＝ヴェーダ』一・一六四・一二。

（6）歳の象徴的表現。「五本の足」とは、四季に雨季を加えた五季節を意味する。

（7）「七つの車輪」「六つの輻」が何を意味するか不明。恐らくは供物を載せた車輛を意味すると思われる。

（8）月の虧《か》ける下半月をいう。従って、月の満ちる前半を白分という。

（9）生物全体をさす。

（10）われわれの可視の世界を円筒形と考え、それを植物の茎に喩えた表現である。

（11）アタルヴァン族・アンギラス族とは呪法を司る聖仙の家系の名。

（12）遊行者の一群の名で、婆羅門教の聖典によれば、婆羅門教の祭祀を行わない卑賤・悪徳な人間とされる。しかし、事実は、婆羅門教の教権制度に対する反逆者であったと考えられ、しかも相当な勢力を持っていたと思われる。『アタルヴァ＝ヴェーダ』第十五巻にヴラートヤの讃嘆が見られるのは明かにその事実を裏書しており、『プラシュナ＝ウパニシャッド』は『アタルヴァ＝ヴェーダ』の系列に属する故に、プラーナをヴラートヤに喩えたと考えられる。

(13) 風の神の異名。

(14) 五生気の一つで、臍の周辺を循環して、消化を主宰すると考えられた。

(15) 「消化して栄養とする」の意。

(16) 眼・耳・鼻・口・生殖器・肛門・および臍という身体にある七つの孔の生活機能。なお、『シュヴェーターシュヴァタラ』三・一八などでは肉体は「九つの門のある都市」と記され、『カータカ』五・一では「十一の門のある都市」と記される。

(17) 「家長（グリハ＝パティ）の火」の意味で、父祖から子孫へ相伝の火である。祭祀を行うに際しては、祭火はこの火からわけられた。

(18) 新月の日に行われる祖先祭アンヴァーハールヤ祭に点ぜられる祭火で、祭壇の南側におかれた。

(19) 祭祀において燃やされる三祭火の東方にある祭火で、この中に供物が投入される。

(20) 「祖道」を意味し、上記第一章（九）参照。

(21) 『オーム』Om を a-u-m と分解する。

(22) 「神道」を意味する。

(23) アートマン(個人我)をさすと考えられる。

(24)「ブラフマンの世界の支配者となった」の意。

(25) 一音量として用いられることを意味する。

(26) 発声という行為をあらわす。

解説

岩本裕

一　総説

ウパニシャッドとは、いわゆる梵語すなわちサンスクリット語という古代インドの文章語で書かれた一群の神学書・宗教哲学書の名である。西暦紀元前七・八世紀の頃から、西暦十六世紀ごろまで、二千年以上の長い期間に、インドに興った諸宗教の中に成立した多数の神学書・宗教哲学書の総称である。従って、その体裁も一定しておらず、散文のものもあれば韻文のものもあり、両者混用のものもあり、内容に関しても総括的に定義することができないほどに種々雑多であるばかりでなく、その価値にも非常な差があり、玉石混淆であるのが実状である。それと同時に、その数も、ウパニシャッドという名をもつ文献をすべて数えるならば、恐らく二百種以上あるのではないかと思われる。ただ現在では、後代に成立した『ムクティカー＝ウパニシャッド』が百八種の名を列挙していることから、一般にこれら百八種のウパニシャッド文献がウパニシャッドとして正統性を持っているように考えられ、まとめて出版される場合が多い。

ところで、ウパニシャッドという名称の意味であるが、専門家の間において一致している訳ではない。一般に認められているところでは、ウパニシャッド Upaniṣad という語はサンスクリット語の語根 upa-ni-ṣad（<√sad）「近くに坐る」に由来し、「師匠の近くに弟子が坐る」意から導かれると考えられている。すなわち、師匠と弟子とが膝を交えて、師匠から弟子に親しく伝授されるべき「秘密の教義」、すなわち、わが国の芸道で用いられている「秘伝」の意となり、そこからこのような「秘密の教義」を載せた神聖な文献の名となり、さらにこの種の文献の総称になったと理解されている。事実、ウパニシャッド文献には、門弟あるいは息子が師匠あるいは父から親しく教えを聴く場合が数多く見られるのであって、従ってウパニシャッドは「神秘の教説」であるから、それは師《し》資相承《しそうしょう》であり父子相伝でなければならないと説かれる。

　さて、こうして「神秘の教説」を説くものとしてのウパニシャッド文献は、前述のように、長い年月の間に、インドに興った諸宗教なり多くの思想家が育成し醞醸《うんじょう》させた神秘の教説をそれぞれに展開したものであるから、その数は多い。一般に、この多数のウパニシャッド文献は、古ウパニシャッドと新ウパニシャッドに二大別される。さらに、古ウパニシャッドは、内容・形式あるいは言語の諸方面から考察して、通常三期に分たれる。これに対し、新ウパニシャッドはそのような綜合的な考察が不可能なので、内容の面からだけで、その唱導する教説のテーマに依拠して、普通には五群に分類される。

まず、古ウパニシャッドとして、現在十四篇が包括され、それらが新古の別に従って、次のように分類される。

〔第一群〕　古散文ウパニシャッド

（一）『ブリハッド＝アーラヌヤカ＝ウパニシャッド』Bṛhadāraṇyaka-Upaniṣad.

——『白ヤジュル＝ヴェーダ』所属

（二）『チャーンドーグヤ＝ウパニシャッド』Chāndogya-Up.

——『サーマ＝ヴェーダ』所属

（三）『カウシータキ＝ウパニシャッド』Kauṣītaki-Up.——『リグ＝ヴェーダ』所属

（四）『アイタレーヤ＝ウパニシャッド』Aitareya-Up.——『リグ＝ヴェーダ』所属

（五）『タイッティリーヤ＝ウパニシャッド』Taittirīya-Up.

——『黒ヤジュル＝ヴェーダ』所属

（六）『ケーナ＝ウパニシャッド』Kena-Up.——『サーマ＝ヴェーダ』所属

〔第二群〕　韻文ウパニシャッド

（七）『イーシャー＝ウパニシャッド』Īśā-Up.——『白ヤジュル＝ヴェーダ』所属

（八）『カタ（またはカータカ）＝ウパニシャッド』Kaṭha (Kāṭhaka) -Up.
——『黒ヤジュル＝ヴェーダ』所属

（九）『シュヴェーターシュヴァタラ＝ウパニシャッド』Śvetāśvatara-Up.
——『黒ヤジュル＝ヴェーダ』所属

（一〇）『ムンダカ＝ウパニシャッド』Muṇḍaka-Up.——『アタルヴァ＝ヴェーダ』所属

（一一）『マハーナーラーヤナ＝ウパニシャッド』Mahānārāyaṇa-Up.
——『黒ヤジュル＝ヴェーダ』所属

〔第三群〕　新散文ウパニシャッド

（一二）『プラシュナ＝ウパニシャッド』Praśna-Up.——『アタルヴァ＝ヴェーダ』所属

（一三）『マーンドゥークヤ＝ウパニシャッド』Māṇḍūkya-Up.
——『アタルヴァ＝ヴェーダ』所属

（一四）『マイトリ（またはマイトラーヤナ）＝ウパニシャッド』Maitri (Maitrāyaṇa) -Up.
——『黒ヤジュル＝ヴェーダ』所属

なお、このほかに、二十世紀になってサンスクリット原典の発見された
(一五)『チャーガレーヤ＝ウパニシャッド』Chāgaleya-Up.
——『ヤジュル＝ヴェーダ』所属
(一六)『バーシュカラ＝マントラ＝ウパニシャッド』Bāṣkalamantra-Up.
——『リグ＝ヴェーダ』所属
(一七)『アールシェーヤ＝ウパニシャッド』Ārṣeya-Up.
——『アタルヴァ＝ヴェーダ』所属
の三篇がある。散文で書かれた(一五)『チャーガレーヤ』は第一群に属し、韻文の(一六)は第二群に、そして散文の(一七)は第三群に属すると考えられている。
以上の十四篇(あるいは十七篇)の古ウパニシャッドの中で、(一)『ブリハッド＝アーラヌヤカ』と(二)『チャーンドーグヤ』とは長篇で、現在われわれが最もよく利用するニルナヤ＝サーガル印刷所(ボンベイ)版の『百八ウパニシャッド』出版において、この二篇で全体の大約五分の一を占めるほどである。しかも、この二篇が西紀前六世紀における仏教興起より古い成立であることは、学者の間において、ほとんど異論がない。また、第二群の代表的文献とされる(八)『カタ』および(九)『シュヴェーターシュヴァタラ』

の中、前者は西暦前四・五世紀の頃とされる偉大な文法家パーニニより古いとされており、(九)もこれを去ること甚《はなは》だしく遠いとは考えられていない。しかし、本書における『チャーンドーグヤ』訳を見ればよく判るように、このように長篇のウパニシャッド文献は種々雑多な内容をもつ章節を蒐集《しゅうしゅう》し編纂したものと考えられ、従って各章節によってその成立の年代の異なることがありうる訳である。筆者の考えでは、ウパニシャッド文献の最古の部分は西紀前八世紀にまで遡るものがあるかと思う。このような事実を考えると、厳密な年代論を問題にするとすれば、各文献の各篇・各章、いな各節に亘ってまで、個々に研究されねばならないであろう。しかし、これは言うは易く、行うことはほとんど不可能に近い。要するに、古ウパニシャッド全体の年代を、およそ西紀前六〇〇年ごろから西紀前三〇〇年ごろと考えれば、大過を犯さないと考えられている。

次に、新ウパニシャッドについて、概要を記しておく。一般に、ウパニシャッドの哲学として知られる思想は、ほとんどすべて前述の古ウパニシャッド文献に見られるのであって、新ウパニシャッドに見られる宗教思想は考察の対象とはならない。しかし、新ウパニシャッドはインドに興った諸宗教なりその分派なりが展開した宗教思想を示している点で、絶対に見逃すことのできないものである。成立の年代が新らしく、また古ウパニシャッドに見られるような潑剌とした思索の痕に乏しいという憾《うら》みがあるが、それだけに後代の思想・文化を反映するものとして、価値が少なくない。例えば、『ヴァジラスーチー＝ウパニシャッド』Vajrasūci-Upaniṣad はカースト制度の矛盾を鋭く追及したウパニシャッド文献であるが、その思想内容は西暦二世紀の馬鳴《めみょう》の作とされる『金剛針論』Vajrasūci の思想と同じであり、また同じ頃に成立したと考えられる仏教説話『シャールドゥーラ＝カルナ＝アヴァダーナ』Śārdūlakarṇāvadāna に見られる四《し》姓《せい》平等論と相通ずるものとして注目される。さらに、西暦十六世紀において、ムガル朝のアクバル皇帝（一五四二〜一六〇四）の時代に、イスラム教の教理を述べた『アラー＝ウパニシャッド』が編述されたが、これはアクバル皇帝の諸宗教教説の折衷政策の下に成立したものとして注目されるとともに、イスラム教のヒンドゥ化の一例として貴重な資料といわねばならぬ。

ところで、数多くの新ウパニシャッドは前述のように内容のテーマによって五群に分類される。

㈠　ヴェーダーンタ主義のもの

古ウパニシャッドの中で展開した一元論の哲学思想を継承するもので、前述の古ウパニシャッドの中に列挙した（一〇）『ムンダカ』、（一一）『プラシュナ』をこの中に数える学者もある。この系列に属するウパニシャッド文献の中には、蛇の咬傷に対する呪詞を集めた『ガールダ＝ウパニシャッド』Gāruḍa-Up. のごときものもある。

(二)　ヨーガ主義のもの

静寂な土地で瞑想に耽り、精神の統一をはかるヨーガ（yoga）の修行を解脱の方法として奨励し、その手段に用いられる聖音オームの観法を重視し、その神秘的意義を強調する。就中《なかんずく》、『シューリカー＝ウパニシャッド』Śūlikā-Up. は無神論哲学のサーンキヤ思想を有神論に改釈した――解釈し直した――ものとして注目される。

(三)　サンヌヤーサ主義のもの

悟証・解脱の目的で遁世遊行の生活（saṁnyāsa）を讃美し奨励する。このような遊行者（サンヌヤーシン）の生活を記す『アールネーヤ＝ウパニシャッド』Āruṇeya-Up. は、この系列のウパニシャッド文献の代表的なものである。

(四)　シヴァ派に属するもの

ヒンドゥ教の一派として展開した民俗信仰の最高神シヴァを祀るシヴァ派の所産で、シヴァ神を聖音オームなどと同一視する神学論を展開させたもの。『アタルヴァ＝シカー＝ウパニシャッド』Atharvaśikhā-Up.『カイヴァルヤ＝ウパニシャッド』Kaivalya-Up. などがある。

(五)　ヴィシュヌ派に属するもの

シヴァ神と同じくヒンドゥ教の主神の一であるヴィシュヌ神およびその種々の権化《ごんげ》を根本原理の顕現として讃美する。新ウパニシャッド文献としては比較的長篇のものがあり、就中『ラーマ＝プールヴァ＝ターパニーヤ＝ウパニシャッド』Rāmapūrvatāpanīya-Up. はヴィシュヌ神の権化としてのインドの国民的英雄ラーマ王子を讃美して、ヒンドゥ教徒の宗教思想を窺うのに好箇の資料である。

本書では、紙幅の関係もあって、古ウパニシャッドの中から五篇を選び（その中で二篇は抄訳）、最小限度の注を附記するにとどめた。選定にあたっては若干の配慮も加えたが、思想的に興味深いものだけを選りだすということをしないで、特に『チャーンドーグヤ』を長篇にもかかわらず全訳して示したのは、古代インドの所謂《いわゆる》思想家たちの遊戯的思考方法を玩味してもらいたかったからである。読者諸賢がそこから何を会得されるか、それは読者諸賢の判断に期待したい。

二　ウパニシャッドの背景

さて、前述のように、古ウパニシャッドの年代を西紀前六〇〇年から同三〇〇年ごろとして、この時代をインド文化史の上に位置づけて、古ウパニシャッドの背景を探ることにしよう。

インド＝アリヤン人がインドに定住するに至って、各種のヴェーダ文献が編述され、所謂バラモン教の聖典として尊崇されるに至った。その最古の『リグ＝ヴェーダ』は、そこに記載される金属文化から見て、その末期は大体において西紀前一〇〇〇年より以前であったと推定される。そのころ、インド＝アリヤン人はガンジス河の上流地域に及んでいたことが知られる。

『ヤジュル＝ヴェーダ』は各種のブラーフマナ文献と同じく、ガンジス河中流流域のマドヤ＝デーシャで成立した。この地域は現在のドアーブ地方を中心としていて、地味は肥え、産物に恵まれていた。当時、『リグ＝ヴェーダ』時代の部族国家は併合されて相当に強力な民族国家が成立していたので、その支配力の下に産業は勃興し、交通が発達し、各地に都市が栄えるに至った。各種ブラーフマナ文献によると、カームピールヤとかカウシャーンビーなど、当時の民族国家の首都のあったことが知られる。ほぼ西紀前八〇〇年ごろの状勢はこのようであったと考えられる。

ところが、諸種の文献の記事を綜合的に考察すると、インド＝アリヤン人の生活環境がそののち間もなく大きく転換したことが知られる。インド＝アリヤン人社会の進展とその進出の結果は、先住民族との混淆を来たしたのであった。食物としての米の栽培とその調理、臼・杵などの生活用具の移入についで、農村においては社会的単位としての「家」(クラ)の観念が固定し、純粋な農村生活が展開するに至った。しかし、こうした先住民との混血は、純粋に古来の伝統を保持すると自負するバラモンの社会にも影響を及ぼさずにはいなかった。バラモンは融通無礙《むげ》な考え方から、前述のような混血者を堕落した階級として、みずからを最高とする教権制度の中に包摂したのであって、『マヌ法典』はこれを定式化して、元来は「出生」を意味するジャーティという語で総括している。それと同時に、ヴァルナとかゴートラなどの概念を確立し固定して、インド＝アリヤン人の社会伝統の温存を計ったことが知られる。

まず、ヴァルナ varṇa であるが、この語は元来は「色」を意味したが、既に『リグ＝ヴェーダ』の後代に成立した部分において、社会的な階級ないしは差別を表わすのに用いられている。しかし、その初めは「アーリヤの色」と「ダーサ」という原住民(ダーサ)とその征服者(アーリヤ、すなわちインド＝アリヤン人)の皮膚の色を対照して示す場合に用いられたのであった。従って、この区別は本来インド＝アリヤン人の間に発生したバラモン(司祭者)・クシャトリヤ(王侯、武士)・ヴァイシヤ(庶民)の三種の身分に属する者と、第四のシュードラ(被征服者)との間に設けられたことが知られる。ところが、諸種のブラーフマナ文献をはじめ『マヌ法典』などのバラモン教聖典では、上位の三種の身分の区別にも拡張して用いられるようになり、その結果「四種のヴァルナ」という語が類型的に用いられるようになったのである。これが後世におけるカースト制度の淵源になったとされる。ヴァルナおよびジャーティに関しては、族内婚でなければならないという厳重な規定があるのは、前述のような教権制度の固守のためには、必要にして不可欠の要件であったといわねばならぬ。

次に、ゴートラ gotra とは「同一の祖先の後裔と見なされる家族の集合体」であって、所謂「氏族」を意味するが、これはバラモンがみずからの身分の尊厳さを保持するための概念であり、ここでは族外婚でなければならないと規定された。バラモンはすべて彼らの素姓が神聖であることを誇り、彼らの祖先は太古のリシ（聖仙）であったとし、八人のリシがゴートラの祖として挙げられる。しかし、これらのゴートラの始祖は実在の人物としてよりも、司祭者の氏族の精神的伝統の拠りどころとしての名祖《エポニム》として見做されたのであって、特定のリシの名と関聯して伝えられた讃歌なり宗教的な伝統なり祭式上の慣習なりが各ゴートラに結びつけられ、それぞれのゴートラに特有な伝承とされるに至ったのである。それと同時に、自身が勝れた祖先の子孫として神聖な祭事に携わるのに適しかつ値いすることを示すという祭式上の必要から、父・祖父・曾祖父という父祖の名を唱えるようになったことが知られる。こうして、名祖から継承された精神的伝統と、祭式に関しての肉体的血統の誇示とが結合して、数多くの家族の血統的関係にある固定性が与えられ、ゴートラは血統的に統一のある共同体として、バラモンの地位保全の根拠となったのである。こうして、バラモンの社会伝統の温存の努力は、その宗教活動においても、実に怖るべき結果を齎《もた》らした。彼らは祭式の万能を強調し、繁雑にして煩瑣きわまりない祭式哲学を展開したからである。バラモンは、自分たちが独占する祭式を最高最勝の神秘とし、宇宙の展開も祭式の力により、また神も祭式の力によってその威力と不死性を得るとした。バラモンは本来宗教者として神に仕えるべき身でありながら、その本分を忘れ、神を操縦し、願望の成就を強要する態度をさえ示したことが知られる。

由来、バラモン教とは一つの宗教体系を形成しておらず、開祖というべき人物もなく、主神として尊崇すべき神もなく、また教義と見做すべき体系もない。あるものは種々雑多な神であり、これらの神々に捧げられた讃歌であり、讃歌の吟唱に際しての祭式の煩瑣な手続と、それにしかつめらしく加えられた講釈とである。神々は祭式の完全執行のための要員となりさがり、バラモンに頤使《いし》される存在となっているのが実状である。

こうして、祭式は神を動かして所期の目的を達成させる原動力であり、人間の幸福と利益の源泉とされたが、それだけに祭式の執行に際しての微細な瑕瑾《かきん》でも、破滅の原因になるとされた。従って、自分の願望を達成しようとして、バラモンに委任して祭式を自分のために執行させる祭主は、もしバラモンが悪意をもって祭式を故意に間違えたり、あるいは秘かに呪ったりすることを極度に怖れたのであって、祭主の一身はバラモンの掌中に完全に握られているという結果になった。神さえ自由にするという祭式に対して、祭式の神秘について全く無知識な祭主が抵抗しえなかったのも、当然といわねばならない。祭主は、みずから神であると嘯《うそぶ》くバラモンに、数多くの牛や夥《おびただ》しい財宝を贈って、その御機嫌を取り結ばざるを得なかったのである。

従って、当時におけるバラモン教――この名は近代における命名であって、ヴェーダ文献にそのような名称がある訳ではない――とは、バラモンを最高とする教権制度の下における宗教生活を意味したというべきである。バラモンの側から言えば、彼らの生活慣習であり生活環境であった訳であるから、教義に基づく伝道ということはなく、彼らはただ彼らの生活慣習なり生活環境を強い教権制度の下で維持し存続するようにしていけばよかったのである。その結果、祭式の神秘性を強調する煩瑣哲学が展開され、一般の民衆を威圧するとともに、他方ではその抵抗を少なくするために現状を肯定させ、また諦めさせる必要があった。そこに自然発生的にバラモンの間に起った思想が、輪廻《りんね》の思想であり業《ごう》に関する教説であった。

輪廻とは、人間は車輪のように生れかわり死を繰返すのであり、その生れかわりかたは各人の生存中の行為すなわち業《カルマン》によって決定されるという教説である。換言すれば、現世の生活は前世の行為によって規定され、現世の行為が来世の行為を決定するという考えである。このような考えが現世の生活を前提とするものであって、現状を肯定させる教えであったことは言うまでもない。

このような輪廻説の起源は、ブラーフマナ文献に見られる再死の説であって、正しい祭式を行なわない者、祭式を怠る者は、死後に再び死を繰返さねばならないと説かれる。そして、再死に対する恐怖が述べられる。この考えは、一方では父子の間に相続転生の関係を認めて、父が子に生れ変るという考えを展開させた。この考えは特にバラモンの間で強調され、男子の相続者がないときは祭祀が断絶し、死者は餓鬼になるとされた。妻に男子の生れない時には妻を離婚すべしという厳重な規定は、こうして生れたのである。

再死とその恐怖の観念は、他方では、輪廻説として展開した。特にウパニシャッドにおいては明瞭にこの思想が現われ、地上における存在形態は前世における業によって規定され、善業と悪業の人の区別が説かれ、浄業者は来世においてバラモン・王族・庶民の身分に生れ、醜行の者は賤民・犬・豚の胎に宿ると述べられる。それと同時に、苦行・禁欲生活・信仰によって死後に「神道」をたどる者と、そうでなく「祖道」を選んで輪廻する者の区別も説かれている。

ところで、祭式に関する煩瑣哲学の展開は、文化の発達・人智の進歩に伴うて、特有な神学を生みだし、また哲学的思弁の進歩を醞醸させた。ブラーフマナ文献に附随して成立した各種のアーラヌヤカ文献は、そのような宗教思想なり哲学思想の萌芽が見られるに至った。ウパニシャッド文献になると宇宙万象の一元を説く哲学を展開させているのであるが、ここに注意すべきことは、ウパニシャッドの思想と文化とが王族の活躍を背景として展開している事実である。

嚮《さき》に述べたように、ブラーフマナ文献の時代に発達した民族国家は漸く強大となり、特に東方のヴィデーハ国（ガンジス河北岸でガンダク河より以東の地域）はジャナカ王の統治の下に繁栄したことが窺われる。この王は自分の宮廷に多くの学匠を集めて討論会を催し、特にヤージュニャヴァルクヤ仙の賢識を尊び、この学匠と親しく膝を交えて哲学を論じたという。また、ヤージュニャヴァルクヤ仙とその師のアールニ仙が祭式の秘義をジャナカ王から聴いたという所伝がある。また、カーシー国（現在のベナーレス地方）のアジャータ＝シャトル仙は傲慢なバラモンのガールグヤ仙の学説を浅薄であると非難し、パーンチャーラ族のプラヴァーハナ王は自己独自の輪廻説をアールニ仙に伝えたという。さらに、アールニ仙ら六人のバラモンは、ケーカヤ族のアシュヴァ＝パティ王を宇宙一元論思想の権威者と認め、王に教えを乞うたこともある。

以上に挙げたのは当時活躍した王者たちの代表的人物であるが、バラモンの多くが祭祀の煩瑣な手続を弄び遊戯的な詭弁に耽っていた間に、一部のバラモンが強大な王者の庇護の下に熱烈な真理探究を志していたことが知られると同時に、王族の社会に自由な思索が起っていたことが窺われる。しかも、この場合に注意すべきは、前述の王者の国なり部族なりが、バラモンの本拠地であったマドヤ＝デーシャから見て辺境地帯にいたという事実である。

こうして、ウパニシャッドの哲学思想が王族の間に、しかも辺境地帯で培養されたことが知られる。従って、そのような思想体系を含むウパニシャッド文献は正統バラモンの伝統を背負うものとは言いがたい。それにもかかわらずウパニシャッドはバラモン教の聖典としてのヴェーダ文献の中に包摂され、また独立している文献でもヴェーダの学派に所属するものとされている。これはバラモンの融通無礙な包容性――悪く言えば、御都合主義――に拠るものである。従って、古ウパニシャッド文献の中にはバラモンに依る改作・攻編の跡の濃いものも見られるものであって、本書に訳出した『チャーンドーグヤ＝ウパニシャッド』など、完全に理解するには祭式の実際を知悉《ちしつ》している必要があろうと思われる。

三　ウパニシャッドの思想

古ウパニシャッドを通じて、その編纂に一定の形式がなく、そのテーマの統一もなく、しかも同一問題に対する解釈・解答が常に必ずしも一様ではなく、同一文献の中に時には矛盾する見解の見られる場合さえ少なくない。従って、それを理解しようとして、他の多数のウパニシャッド文献を参照すれば、混乱はますます激しくなると言っても、過言ではない。このような事態になった理由はと言えば、神秘な教説を弄ぶ学匠たちが常に人を驚かすような見解を持出したこと、しかもそれが断片的に伝えられたこと、新思想の発表にあたってバラモンとしての伝統に引きずられたこと、ウパニシャッド文献の編纂に一定の方針のなかったこと、さらにバラモンによる包摂の際に、バラモンの認識の差により改釈に程度の差の生じたことなど、いくつかの理由が指摘されよう。

このように種々さまざまの姿を露呈する古ウパニシャッド文献を巨視的に考察するとき、そこに

一、哲学思想として、いわゆる「梵我《ぼんが》一如《いちによ》」（絶対の認識）の教義

二、宗教思想として、輪廻・業と解脱《げだつ》の教説

の二つが大きく浮彫にされている。

まず、「梵我一如」思想であるが、「梵」とはブラフマン brahman で、宇宙の本体である。「我」はアートマンで、個人の本体として認識された概念である。ウパニシャッドの哲人の言葉を要約すれば、ブラフマンの側から説いても、アートマンの側から説いても、結局においては一元的世界観に究極するというのである。いま暫く、両語の説明から始めることにしよう。

ブラフマン（梵）とは中性名詞で――のちには男性名詞のブラフマンが成立し、ヒンドゥ教の主神となった。一般に記されるブラフマーは男性名詞ブラフマンの単数主格の語形が固定したものである――元来はヴェーダの讃歌・祭詞・呪詞に内在する神秘力、ヴェーダの知識に由来する神秘的威力を意味した。祭式万能の信仰の展開にともない、「神を動かして願望を達成する原動力」とされ、遂には「宇宙の根本的創造力」と見られた。バラモン（サンスクリット語でブラーフマナ）とはこの神秘的威力を具《そな》えた者の意であり、祭式の神秘性を説き明かす文献をブラーフマナというのも、前述の解釈に基づく。従って、そのような神秘的威力こそ万有を創造する者であり、創造者として被造物を支配する者とさ

れ、被造物に遍満する本体とされ、その結果、万有そのものと同一視される根本原理とされるに至ったのである。

次に、アートマン（我）ātman は元来「気息」を意味し――ドイツ語 Atem, atmen と同語源である――生命の主体と見做されて「生気」を意味し、総括的には生活体すなわち「身体」、特に「胴体」を表わし、他人と区別して「自身」を意味し、そこから本質的なものと理解されて、「本体」とか「精髄」とか「霊魂」とか「自我」を意味するに至ったことが文献にたどられる。この語は元来「気息」を意味したことから、同じく「気息」特に「吸気」を意味するプラーナ prāṇa が生命の主力として大きく問題とされ、身体に五つのプラーナがあるとする五気説を展開させるとともに、終には「生活機能」まで意味するに至った。しかし、個人の本質的な霊体を現わすまでには至らず、アートマンがそれを現わすのに用いられたのである。

ところで、宇宙の本体としてのブラフマンと個人の主体としてのアートマンの同一視を説く一元的世界観は、既に『リグ＝ヴェーダ』に見られる。『リグ＝ヴェーダ』のパンテオンに見られる諸神を「唯一物」の展開と見たのみでなく、『リグ＝ヴェーダ』の詩人はヴィシュヴァカルマン神（「造一切者」の意）とか、ブラフマナス＝パティ（「ブラフマンの主」の意）とか、「金胎」とかを宇宙創造の根本原理として導入して、一元的世界観を確立しようとした。しかし、それに成功しなかった。また、『アタルヴァ＝ヴェーダ』にはカーラ（時）とかスカンバ（一切世界を支え固定するという柱）など各種の原理を想定して、その創造理論を展開しようとした。しかし、それにも成功しなかった。こうして、結局、ブラーフマナ文献に至って、プラジャー＝パティ（元来は「生類の主」の意）を創造神話の中心に置くことにしたのである。プラジャー＝パティはこうして創造者の位置を贏《かち》えたのではあるが、それはインド＝アリヤン人と原住民との混血・融合という社会現象の原理をバラモンの立場から説明するのには有効であったかも知れないが、一元的世界観に基づく創造原理としては理論的根拠が弱かったと言わねばならない。ここに、ウパニシャッドにおいて、ブラフマンとアートマンの二元を基本概念とし、その同一視を理論づけようとする一元的世界観の哲学が興る原因があった。

ウパニシャッドの哲人たちは、この二元を同一視するにあたって、巧妙な考え方を案出した。「神に関する論議」と「個体に関する論議」の二者である。いずれも前代以来の思索を継承するものであるが、特に後者に関して生理的な考察から遂に睡眠の考察を発見したことは、思索の進展を物語るものと言わねばならぬ。すなわち、二元に基づく一元的世界観から、根本原理に絶対的存在としての一面と、個人我としての一面のあることを演繹し、その中間に睡眠の状態をおき、そこから根源の両者を説明しようとする。しかも、この睡眠の状態を、夢に煩わされる夢眠の状態と、夢さえ見ない熟睡の状態とに分ち、それぞれの状態におけるアートマンを深く考察し、熟睡時を彼我の対立もなく自己意識もない絶対境、ブラフマンとアートマンの合一の境地とするのである。このような生理に関聯する思索はウパニシャッドの哲人の開拓した貴重な哲学の一齣《ひとこま》ではあるが、結局そのような自慰的な思索は永続しなかったことが知られる。いな、ウパニシャッドの一元的世界観さえ、のちにヴェーダーンタ派と称する哲学の一派を生じ、ウパニシャッド哲学の正系を継承するものとされたが、なおいくつかの哲学派の一つに過ぎなかった。所詮、インドは多元の世界であり、多様性の渾然と沸騰する坩堝《るつぼ》であったと言わねばならぬ。

　第二の宗教思想としての輪廻・業の思想もこのような多元の世界の所産と考えられるが、茲《ここ》では紙幅の関係もあって前節における言及にとどめる。

　ウパニシャッドに見られる考え方として、後世に大きな影響を及ぼした、もう一つの思考形式を挙げなければならない。それは相対するものを全面的に否定することによって、相対の上に絶対を認識するという思考形式である。前述の「梵我一如」はブラフマンとアートマンとの相対を前提として、その上に絶対を認識した。すなわち、個人の本体と宇宙の本体とを同一視することによって、そこに絶対不二の根本原理を認識したのである。これは命題《テーゼ》に対立する反対命題《アンティテーゼ》を立て、その上に綜合命題《ジンテーゼ》を視ようとするヨーロッパ的な思考方法ともいえよう。もちろん、ブラフマンとアートマンとはテーゼに対するアンティテーゼの関係に立つものではないが、なお「神に関する論議」と「個体に関する論議」の二者を対立させて考える思考形式は、それに類似するものと言わねばならぬ。

ところが、このような「梵我一如」を主要なテーマとするウパニシャッドにおいて、これといわば対立する思考方法の見られることは注意すべき現象と言わねばならぬ。すなわち、ウパニシャッドの哲人は「いな、いな」と表現するのであるが、それはテーゼを否定し、アンティテーゼをも否定することを意味する。そして、その否定の上に立って、ジンテーゼを見ようとするのである。西暦二世紀ごろに、仏教で八宗の祖と仰がれる竜樹(ナーガールジュナ)が有と無との相対的な認識を止揚し、否定に否定を重ねる論理形式を用いたことが知られている。このように相対的なものの否定の中に絶対的なものを視るという考え方は、そののちインド精神史のあらゆる面にあらわれているのであって、最近ではネール首相の「ノン＝アラインメント政策」すなわち東西いずれの陣営にも加担しないという外交政策の根本理念は実にここにあるのである。インド精神史の長い伝統に対して、カシミールのバラモンの出であるネールも、その例外ではなかったことが知られる。ただ、ネールは思想を実践として現実の政治の中に表現しているのである。このような考え方に依れば、疑いもなく深い思索に達することができるであろうが、近代の文明社会においては非能率に陥る危険が多分にあると考えられ、このような危惧も現実に指摘されている。ネールの晩年から前述の政策が影の薄いものになったのは、国内状勢の影響も与《あずか》って大きいが、理由のないことではないと言うことができよう。

文庫版解説　ウパニシャッドとは何か

立川武蔵

一

三十年以上も前のことだ。バンコクから羽田空港に帰るタイ航空便の中、わたしはサンスクリットのテキストを読んでいた。

「それは何だね」

左前方に坐っていた男性が振り返ってわたしに聞いてきた。

「サンスクリットです」

「サンスクリットは分かっている」

しまった、これは偉い人に違いない。

「『サーダナ＝マーラー』です」

「そうか。岩本です」

わたしはあわてた。

サーダナ（観想法、成就法）とは、後世の密教（タントリズム）において実践された「仏や菩薩と一体になる」行法であり、『サーダナ＝マーラー』（観想法の花環）は十二世紀頃に編纂された観想法の集成だ。

われわれのフライトは実は大型台風の中を飛んでいた。羽田に降りる時には台風の目に入ったらしく、機は実に静かに着地した。

「わたしは八王子までタクシーで行くが、東京駅まで送ろう」

そんなわけでわたしは東京駅まで送ってもらった。タクシーは強風の高速道路を走ったが、途中で浮き上がった。自動車で飛んだのは後にも先にもあの時のみだ。岩本先生にそれ以来お会いすることはなかった。

岩本裕氏（一九一〇～八八）は、愛媛県生まれ。京都帝国大学を卒業後、京都大学講師、東海大学教授、京都橘女子大学教授などを務めた。氏の専門分野はインドの説話文学である。この分野の業績として『カター・サリット・サーガラ』（全四巻、岩波文庫）、『インドの説話』（紀伊國屋新書）、『仏教説話』（グリーンベルト新書、筑摩書房）、『佛教説話研究序説』（法藏館）などが挙げられよう。

氏は仏教に関しても幅広い知識を有しており、『佛教聖典選』（全七巻、読売新聞社）を独りで刊行した。この聖典選は初期経典、仏伝文学・仏教説話、法華経・般若経・華厳経「入法界品」・大無量寿経などの大乗経典、さらに『理趣経』・『秘密集会タントラ』などの密教経典などを含む。この聖典選の別巻として『佛教事典』も出版している。また坂本幸男氏との共訳ではあるが『法華経』全訳（全三巻、岩波文庫）は氏の主要な業績の一つである。明らかに氏はインド初期仏教からインド後期仏教に属する密教経典をカバーしようとしていた。

氏の関心はむろんインド仏教にとどまらず、日本仏教にもあった。『極楽と地獄――日本人の浄土思想』（三一新書）などを出版した後、一九八八年には大著『日本佛教語辞典』（平凡社）を刊行したが、同年に亡くなった。『ラーマーヤナ』（平凡社東洋文庫）の訳注や『著作集』（同朋社）の刊行は中絶せざるを得なかった。

類まれな広い視野を有しており、幾人もの研究者がかかっても成し遂げられないようなことを独りで行った岩本裕。氏が最終的に何を求めていたのか、わたしには定かには分からない。しかし、彼の足跡を辿ると、インドから日本までを視野に入れた文化史を書こうとしていたと考えられる。五つのウパニシャッドの訳を纏めた本書（当初は「ヴェーダアヴェスター」『世界古典文学全集』3、筑摩書房、一九六七年に所収）は岩本文化史の初めの方の「章」であったと思われる。

二

本巻の末には岩本氏本人の解説がある。したがって、さらなる「解説」などは不要なのだが、わたしのこの「解説」は氏の解説を読むためのものと思っていただきたい。わたしはインド宗教・文化史を次のような六期に分けて考えることにしている。

第一期　インダス文明の時代――紀元前二五〇〇～紀元前一五〇〇年
第二期　ヴェーダの宗教の時代（バラモン教の時代）
　　　　　　　　　　　　　　――紀元前一五〇〇～紀元前五〇〇年
第三期　仏教などの非アーリア系文化の時代――紀元前五〇〇～紀元六〇〇年
第四期　ヒンドゥー教興隆の時代――紀元六〇〇～一二〇〇年
第五期　イスラム教支配下のヒンドゥー教の時代――紀元一二〇〇～一八五〇年
第六期　ヒンドゥー教復興の時代――紀元一八五〇年以降

第一期はインダス河流域に多数の都市国家が形成されていた時代である。第二期はインド・アーリア人が、今日のパキスタン北部のパンジャーブ（五河）地方に侵入し、バラモン中心の文化を作った時代であり、ヴェーダ聖典に基づいた祭式が行われた時代だ。第二期の末期から第三期の初期にかけてヴェーダの宗教の儀礼主義に対して批判的な運動が見られた。それが本書の内容であるウパニシャッドによって代表される主知主義の運動である。

第三期の初期には、ヴェーダ祭式の執行権を専有していたバラモン僧たちの勢力の衰えに伴って非バラモン勢力に支えられた仏教やジャイナ教が興隆した。第三期の後半には、バラモン教が各地方の土着的文化を吸収しながらかたちを変えて台頭してきたのであるが、この新しく台頭してきた宗教形態を「ヒンドゥー教」と呼んでいる。紀元六〇〇年頃にはヒンドゥー教の勢力は仏教のそれを凌いだといわれる。

アーリア人たちの宗教儀礼に関する文献は数多く残されている。それらの文献のうち、もっとも古く重要なものは『リグ＝ヴェーダ』である。これはアーリア人の祭官たちが祭式を行った際に用いた神への讃歌あるいは祭詞を集めたものだ。現在残っているのは紀元前一三〇〇年頃から紀元前九〇〇年頃までに編纂されたと推定されるが、当時は文字に書かれることなく職業的に訓練された祭官たちが暗記しており、口承で次の世代に引き継がれていた。

祭式において神への讃歌を詠うことは特定の祭官にのみ許された権利であった。神への讃歌は同時に神を祭官たちの意のままに働かせる力を備えた呪文でもあったのだ。力ある呪文は「ブラフマン」と呼ばれた。「ブラフマン」という中性名詞は、やがて世界の根本原理（梵）を意味することとなった。「ブラーフマナ」という語は、ブラフマンを有する者つまりバラモン僧を意味する一方で、ブラーフマナと呼ばれる祭式に関する文献群を指す。呪文を専有する階層がバラモン階級となる過程が、ヴェーダの宗教がアーリア人の社会の中で確立していく過程でもあった。

バラモン教やヒンドゥー教においては学的知識の伝授、儀礼の実際に関する知識や技法の伝授などは基本的には親から子へ、あるいは師から少人数の「内弟子」へという方向で伝えられたのであって、大僧院を中心とした学習形態によったのではない。

ヴェーダは韻文で著わされていたが、祭式の規則（ヴィディ、儀軌）と解釈、さらには神話を主内容とした一連の書が生まれ、「ブラーフマナ」と呼ばれる。ブラーフマナと同様に、各ヴェーダに属し儀礼の手順細目や神話の解釈を述べる一連の書がある。それらの書は「アーラヌヤカ」と呼ばれるが、「アラヌヤ」とは森林のことであり、人気のない森林の中で密かに伝授されるべき内容の書という意味で「森林書《アーラヌヤカ》」と呼ばれてきた。

それぞれのヴェーダに属するブラーフマナやアーラヌヤカなどは、その後今日まで続くインドの儀礼主義の聖典となった。一方、ヴェーダに続いて生まれたウパニシャッド聖典群はすでに述べたようにインドの主知主義の伝統の拠り所となった。ヴェーダの儀礼主義とウパニシャッドの主知主義とは、その後のインド宗教史における二大潮流となり、今日に至っているのである。

三

「ウパニシャッド」とは、元来は「近くの」（ウパ）「座」（ニシャッド）あるいは侍座《じざ》の意味であったが、転じて「秘密の教え」をいうようになり、さらにはその秘密の教えを述べる文献を意味するようになったと考えられる。先ほど述べたように、インドでは宗教的知識や儀礼執行の方法は父から子へ、祖父から孫へ、あるいは師から少数の「内弟子」へと伝えられたが、ウパニシャッドもまたそのようなバラモン的伝授によって伝えられたものであろう。少なくとも当初は限られたエリート集団の中においてのみ知られていたものと推定される。

ここでバラモン教における聖典のシステムを説明しておこう。ウパニシャッドがヴェーダの儀礼主義に対する反動であったとしても、ヴェーダが基本文献であり、それに帰属するものであったことは確かである。ヴェーダは『リグ＝ヴェーダ』『ヤジュル＝ヴェーダ』『サーマ＝ヴェーダ』『アタルヴァ＝ヴェーダ』の四つを数える。そして、バラモンたちは家系ごとに自分たちが護持するヴェーダを定めた。

例えば、『リグ＝ヴェーダ』の学習に専念するバラモンの集団があるが、彼らは儀礼においてヴェーダの吟詠を受け持つ。また、『ヤジュル＝ヴェーダ』を奉ずるバラモンたちは、儀礼においては実際の所作を受け持つ。彼らは黒ヤジュルの専門家たちと白ヤジュルの専門家たちとに分かれる。さらには『サーマ＝ヴェーダ』や『アタルヴァ＝ヴェーダ』の専門家たちの集団もいたのである。今日でもバラモンたちの間ではこの伝統は守られており、「自分は黒ヤジュルの伝統に属す」とか「自分たちの家は白ヤジュルを奉じている」と誇らしげにいう。

さらに、それぞれのヴェーダには特定の「ブラーフマナ」、「アーラヌヤカ」および「ウパニシャッド」が帰属していたのである。例えば、『白ヤジュル＝ヴェーダ』にはブラーフマナとして『シャタパタ＝ブラーフマナ』、アーラヌヤカとして『ブリハッド』、ウパニシャッドとして『ブリハッド＝アーラヌヤカ＝ウパニシャッド』が帰属すると考えられた。したがって、『白ヤジュル＝ヴェーダ』を奉ずるバラモンたちは、特に『シャタパタ＝ブラーフマナ』や『ブリハッド＝アーラヌヤカ＝ウパニシャッド』などを重視してきたのである。

ウパニシャッドと呼ばれる聖典群の成立期間は、岩本解説にあるように「西暦紀元前七・八世紀の頃から、西暦十六世紀ごろまで、二千年以上の長い期間に」わたる。『ムクティカー＝ウパニシャッド』には百八のウパニシャッドの名称が挙げられている。このように数多くのウパニシャッドが生まれたのであるが、重要なものは紀元前三〇〇年頃までに編纂された「古ウパニシャッド」である。岩本氏は従来の研究者たちと同様、古ウパニシャッドの成立を三期に分けて代表的なウパニシャッドとそれぞれが帰属するヴェーダを挙げている。

第一群の古散文ウパニシャッド

『カウシータキ＝ウパニシャッド』――『リグ＝ヴェーダ』所属

『ブリハッド＝アーラヌヤカ＝ウパニシャッド』――『白ヤジュル＝ヴェーダ』所属

『チャーンドーグヤ＝ウパニシャッド』――『サーマ＝ヴェーダ』所属

第二群の韻文ウパニシャッド

『カタ＝ウパニシャッド』――『黒ヤジュル＝ヴェーダ』所属

第三群の新散文ウパニシャッド
『プラシュナ＝ウパニシャッド』――『アタルヴァ＝ヴェーダ』所属

これらの古ウパニシャッドは通常十四あるいは十七編数えられるが、『ブリッハド＝アーラヌヤカ＝ウパニシャッド』と『チャーンドーグヤ＝ウパニシャッド』が重要であるとともに長編である。本書には右に挙げられた五つの古ウパニシャッドの訳が収められている。各ウパニシャッドが帰属するヴェーダに関して五つのヴェーダ（ヤジュルは白と黒）がすべて出揃っている。これは訳者の意図的な選択によるのかもしれない。新ウパニシャッドに関しては解説に触れられている程度である。

四

岩本氏は古ウパニシャッドのテーマとして次の二つを挙げる。すなわち、
一、哲学思想として、いわゆる「梵我一如」（絶対の認識）の教義
二、宗教思想として、輪廻・業と解脱の教説
岩本氏は「宇宙の本体としてのブラフマンと個人の主体としてのアートマンの同一視を

説く一元論的世界観は、既に『リグ＝ヴェーダ』に見られる」が、その世界観が確立されるためにはウパニシャッドを俟《ま》たねばならなかった、という。氏によれば、ブラフマンとアートマンという二元を同一視するにあたって、ウパニシャッドの哲人たちは「神に関する論議」と「個体に関する論議」という巧妙な考え方を見出した。さらに氏はかの二元を繋ぐものとして「生理的な考察から遂に睡眠の考察を発見した」と指摘する。たしかにウパニシャッドにおいては睡眠や夢が重要な概念である。

また、輪廻・業と解脱の教説を岩本氏はウパニシャッドの特質としてあげている。死後、人がどこに行くのかは『リグ＝ヴェーダ』においても問題にならなかったわけではない。死後、人は死後、天において祖先たちの霊とともに楽しく暮らすことが望みであった。だが、人々はこの説明に満足できなくなっており、当時すでに知られていた「車輪のように生れかわり死を繰返す」こと、つまり輪廻に恐怖を覚えていた。

岩本氏は「再死とその恐怖の観念は」「一方では父子の間に相続転生の関係を認めて、父が子に生れ変るという考えを展開させた」という。もしも男子の相続者がいないときには、祭祀が断絶し、死者は餓鬼になるのである。もう一方ではこの世におけるあり方は前世の業（行為）によって決定される。したがって、次の世でより良い状態にあるためにはこの世では浄い行為を行わねばならない。その浄い行為とはウパニシャッドに至るまでは主として儀礼であった。「正しい祭式を行なわない者、祭式を怠る者は、死後に再び死を繰返さねばならないと説かれる」。このようなバラモンたちの儀礼主義の克服の試みがウパニシャッドである。

このような観点から岩本氏は聖典ウパニシャッドを捉えている。

五

たしかに古代において飛行機もミサイルもなかったし、宇宙空間をゴミでいっぱいにする技術もなかった。また内視鏡手術など思うすべもなかった。だが、この頃思う。人類はだんだん愚かになっているのではないかと。

今日、誰が『リグ＝ヴェーダ』のような讃歌を作りえよう。誰が『シャタパタ＝ブラーフマナ』のような壮大な儀礼書を書き得よう。そして『旧約聖書』や『オデッセイ』のような作品は再び編纂されることはないであろう。

すでに述べたように、ウパニシャッドはインド精神の二大潮流の一方を伝える聖典である。後世のインド哲学最大の学派ヴェーダーンタはウパニシャッドの再生といえるのである。仏教の開祖ゴータマ・ブッダはサンスクリット学者ではなかったが、明らかに古ウパニシャッドの求めた儀礼主義の克服を彼独自の方法によって求めたのであった。このように、ウパニシャッドこそインド哲学と宗教の源泉なのである。

本書には古ウパニシャッド三期から代表的なものが選ばれており、その訳は、実にスムーズであり、ほぼ半世紀前のものとは思えないほどだ。本書からは二千年以上も前の人類の叡智が伝わってくる。本書を薦める所以である。

（たちかわ・むさし　国立民族学博物館名誉教授）

本書は『世界古典文学全集3』（一九六七年一月三一日、弊社刊）
に収録された「ウパニシャッド」を文庫化したものである。

ちくま学芸文庫

原典訳《げんてんやく》　ウパニシャッド

二〇一三年二月　十　日　第一刷発行
二〇二五年二月二十五日　第四刷発行

編訳者　岩本　裕（いわもと・ゆたか）
発行者　増田健史
発行所　株式会社　筑摩書房
東京都台東区蔵前二―五―三　〒一一一―八七五五
電話番号　〇三―五六八七―二六〇一（代表）
装幀者　安野光雅
印刷所　三松堂印刷株式会社
製本所　三松堂印刷株式会社

ISBN978-4-480-09519-0 C0110